THemen-Heft

Wald

Inhaltsverzeichnis

Vorwort

Wald – ein Thema, das immer aktuell war, aber in letzter Zeit wieder besonders in den Fokus gerückt ist. Wir müssen gut – und wahrscheinlich besser als bisher – achtgeben auf unsere Umwelt und damit auch auf unsere Wälder!

Kinder können in diesem Heft den Wald als Lebensraum vieler Pflanzen und Tiere kennenlernen. Darüber hinaus werden sie aber auch angeregt, genau diesen Lebensraum als schutzbedürftig und schützenswert zu erkennen.

Die vorliegenden Materialien sind fächerübergreifend. Sie enthalten grundlegende, differenzierte Lernangebote, die die Anforderungen der Richtlinien und der Lehrpläne Sachunterricht und Deutsch abdecken. Außerdem gibt es zusätzliche, nicht differenzierte Arbeitsangebote, die ergänzend im Unterricht eingesetzt werden können.

Die Reihenfolge der Themenschwerpunkte kann variiert werden. Im Grundlagenteil gibt es zu jedem Themenschwerpunkt drei Angebote mit unterschiedlichen Schwierigkeitsgraden. Die Schwierigkeitsgrade sind mit einem Baum (leicht) bis drei Bäumen (schwierig) gekennzeichnet. Die Materialien können daher zur inneren Differenzierung oder als vorbereitende oder vertiefende Hausaufgabe eingesetzt werden.

Dieses Themenheft enthält außerdem eine Blanko-Auftragskarte, da es sich anbietet, das Thema auch als Lernwerkstatt einzusetzen.

Die farbigen Bildkarten in der Heftmitte können als Gesprächsimpulse genutzt werden. Sie können auch ausgelegt werden und helfen den Kindern bei der Bearbeitung vieler Angebote.

In den Zusatzangeboten finden Sie ein Kontrollblatt „Was hast du behalten?“ (S. 46). Es kann als Selbstkontrolle für die Kinder oder aber auch als abschließende Lernzielkontrolle verwendet werden.

Die Baum- und Tierkartei (ab S. 47) enthält nützliche Informationen und kann zur Bearbeitung vieler Aufgaben genutzt werden. Die Karteikarten können den Kindern laminiert oder in Klarsichthüllen in einem Karteikasten zur Verfügung gestellt werden.

Die Aufgabenstellungen sind unterschiedlich formuliert: Einige Aufgaben sind auf der Kopie des Arbeitsblattes auszuführen, andere sind auf einem Linienblatt zu bearbeiten. Es empfiehlt sich daher, dass jedes Kind seine Arbeitsblätter und Arbeitsergebnisse in einer Mappe sammelt und vielleicht am Ende der Unterrichtseinheit zu seinem „Waldbuch“ binden kann.

Wir wünschen Ihnen und Ihren Kindern viel Spaß und Erfolg bei Ihrer Walderkundung!

Anette Borgmann und Eva-Maria Schmidt

Hinweise

Zu S. 18 – 20 „Waldbeeren“:
Für die Bearbeitung dieses Themenbereichs empfiehlt es sich, den Kindern farbige Abbildungen der jeweiligen Beeren zur Verfügung zu stellen. Entsprechende Bildkarten finden Sie in der Mitte dieses Heftes. Die Karten können herausgetrennt und in der Klasse ausgelegt werden.

Zu S. 35 „Die Brennnessel“:
Eine schöne Ergänzung zum Thema ist die Beobachtung einer Brennnessel unter einem Mikroskop. Dazu benötigen Sie Brennnesselblätter und Mikroskope in ausreichender Anzahl. Es hat sich als optimal erwiesen, die Kinder paarweise, maximal zu dritt an einem Mikroskop zusammenarbeiten zu lassen.

Zu S. 45 „Fühlgeschichte aus dem Leben einer Eiche“:
Die Fühlgeschichte wird auf dem Rücken eines Partners „erzählt“. Dazu setzen sich die Kinder zu zweit möglichst bequem hintereinander auf den Boden (evtl. mit Kissen). Lesen Sie dann die Geschichte vor und machen Sie dabei die Bewegungen auf dem Rücken (nicht auf der Wirbelsäule!) eines Kindes vor. Die anderen Kinder machen sie nach. Später können sie sich auch noch eigene Bewegungen zu der Geschichte ausdenken. Die Bewegungen sollten unterschiedlich intensiv, aber immer angenehm sein! Während der Massage können Sie zusätzlich ruhige, entspannende Musik im Hintergrund laufen lassen.

Tipp:
Ergänzend zu diesem Themenheft bietet sich ein Unterrichtsgang durch den nahegelegenen Wald an. Vielleicht findet sich in Ihrer Nähe ein Waldlehrpfad o. Ä., der erkundet werden kann. Viele Jäger oder Förster sind gern bereit, Kindern den Wald näherzubringen. Kontakte können Sie über die örtlichen Jagdverbände oder die Grünflächenämter der Stadt und der Kreise knüpfen.
Sofern Sie das Thema „Wald“ im Herbst bearbeiten, bieten sich in Anlehnung an den Themenbereich „Laubbäume erkennen“ eine Ausstellung mit Früchten und Blättern, eine Fühlkiste sowie Bastelangebote an. Zudem können für eine Langzeitbeobachtung Eicheln, Haselnüsse, Bucheckern oder auch die Samen von Tannenzapfen in Blumentöpfe gepflanzt und die Keimung eines neuen Baumes kann beobachtet werden.

Vorwort des Verlages

Liebe Lehrkraft,

mit dem THemen-Heft **Wald** aus der Themenheft-Reihe haben Sie eine Materialsammlung erworben, die Ihnen aufgrund des Aufbaus vielfältige Einsatzmöglichkeiten bietet:

- Einsatz als Themenheft, als Projekt oder auch als Werkstatt (durch die beigefügte Blanko-Auftragskarte)

- Fächerübergreifende Bearbeitung des Themas
- Arbeitsblätter zu den **Themenschwerpunkten** entsprechend Lehrplan Sachunterricht und Deutsch

- Dreifache Differenzierung dieser Arbeitsblätter
  - zur inneren Differenzierung
  - zur vorbereitenden oder vertiefenden Hausaufgabe
  - für verschiedene Jahrgangsstufen
  - für jahrgangsübergreifende Lerngruppen
  - für inklusiven Unterricht

- Die Reihenfolge der Themenschwerpunkte kann variiert werden.

- Weiterführendes Arbeiten über das Kernthema hinaus durch (nicht differenzierte) Arbeitsblätter zu **Zusatzthemen**

Zu Ihrer Arbeitserleichterung enthält dieses Heft:
- Vorschläge für die Gruppenarbeit
- eine Lernzielkontrolle zur Überprüfung des erlernten Wissens der Kinder zum Thema
- einen Beurteilungsbogen zur Rückmeldung des Arbeitsverhaltens für die Kinder
- Farbseiten mit Bildkarten zum Thema

Wir wünschen Ihnen viel Erfolg bei der Arbeit mit dem Themenheft „Wald“.

Ihr BVK Buch Verlag Kempen

RÜCKMELDUNG

Liebe / r ______________________________ ,
so hast du beim Thema „Wald“ gearbeitet:

Du hast konzentriert gearbeitet.			
Du hast selbstständig gearbeitet.			
Du hast deine Arbeiten beendet.			
Du hast dich an Unterrichtsgesprächen beteiligt.			
Du hast deine Mappe in Ordnung gehalten.			

Kommentar:

Auftragskarte zu Werkbereich

Wald

BVK • Anette Borgmann / Eva-Maria Schmidt: Themenheft „Wald“

Übersicht über die Themenschwerpunkte

Themen-schwerpunkt	Schwierigkeitsgrad			Seite
	einfach	mittel	schwer	
Einstieg	Die Stockwerke des Waldes			8
Wälder	Unsere Wälder	Urwälder	Die tropischen Regenwälder	10
Bäume	Die Bestandteile des Baumes	Nadelbäume	Laubbäume erkennen	14
Waldbeeren	Waldbeeren-Puzzle	Beeren	Waldbeeren-Rätsel	18
Funktionen des Waldes	Der Baum atmet	Der Wald erfüllt viele Aufgaben	Fotosynthese	21
Tiere im Wald	Waldtiere	Das Wildschwein	Hirsche und Rehe	25
Vögel in unseren Wäldern	Waldvögel	Eulen und Greifvögel	Greifvögel in Gefahr	29

Übersicht über die zusätzlichen Angebote

Vorschläge für die Gruppenarbeit:

- Erstellen einer Mindmap zum Thema an der Tafel
- Bild von einem Wald an die Wand projizieren („stummer Impuls“)
- Waldmotiv auf Folie kopieren, mit einem (in kleine Teile zerschnittenen) Blatt Papier abdecken und die Teile nach und nach entfernen. Die Kinder raten, was auf der Abbildung dargestellt ist, und äußern ihre Gedanken dazu.
- Die Kinder werden in Kleingruppen eingeteilt. Jeder Gruppe wird eine DIN-A3-Seite mit der Abbildung eines Waldmotivs ausgehändigt. Die Kinder malen oder notieren auf den Blättern ihre Gedanken zum Thema. Anschließend stellen sie diese in der Klasse vor.
- Eckengespräch: Die Klasse wird in vier Gruppen (pro Gruppe maximal sechs Kinder) aufgeteilt. In jeder Ecke des Klassenraums werden ein großes Plakat (DIN A1 oder DIN A2), zwei dicke Stifte sowie eine jeweils andere Frage zum Thema „Wald“ bereitgelegt. Mögliche Fragen sind zum Beispiel: Wie sieht ein Wald aus? Gibt es unterschiedliche Wälder? Welche Pflanzen wachsen im Wald? Welche Tiere leben im Wald? Die Kinder einer jeden Gruppe sollen darüber miteinander ins Gespräch kommen und ihre Ergebnisse auf dem Plakat festhalten. Nach etwa fünf Minuten wechseln die Gruppen jeweils die Ecken. Das Eckengespräch ist beendet, wenn jede Gruppe einmal in jeder Ecke war.

Name: ______________________________ Datum: ____________

Die Stockwerke des Waldes (1)

Aufgaben:
1. Lies den Informationstext.
2. Schaue dir das Bild auf Arbeitsblatt (2) an und schreibe die Namen der verschiedenen Schichten auf die Linien.
3. Schneide nun die Bildkarten aus.
   Klebe sie in das entsprechende Stockwerk.

Der Wald ist in verschiedene Schichten aufgeteilt. Um es dir einfacher zu merken, kannst du auch von fünf Stockwerken sprechen. Die **Bodenschicht** ist vergleichbar mit dem Keller. Hier befinden sich die Wurzeln der Bäume und Pflanzen. An Tieren findest du hier zum Beispiel den Maulwurf, Regenwürmer oder Mäuse.
Die **Moosschicht** ist das Erdgeschoss und besteht aus Moos, Pilzen und Humus. In dieser Schicht leben die meisten Insekten (z. B. Käfer, Ameisen), Spinnen und Schlangen. Die 1. Etage nennt man **Krautschicht.** Dort wachsen im Frühling die Frühblüher (z. B. Krokus, Narzisse). Hasen, Füchse und Wildschweine kannst du in diesem Stockwerk beobachten. In der **Strauchschicht,** also der 2. Etage, wachsen unterschiedlich hohe Sträucher, Büsche oder junge Bäume. In dieser Schicht befinden sich oft Nester von brütenden Vögeln. Die **Baumschicht** bildet mit ihrem Blätterdach das Dachgeschoss. In diesen Höhen entdeckst du Vögel und kletternde Tiere, wie zum Beispiel das Eichhörnchen.

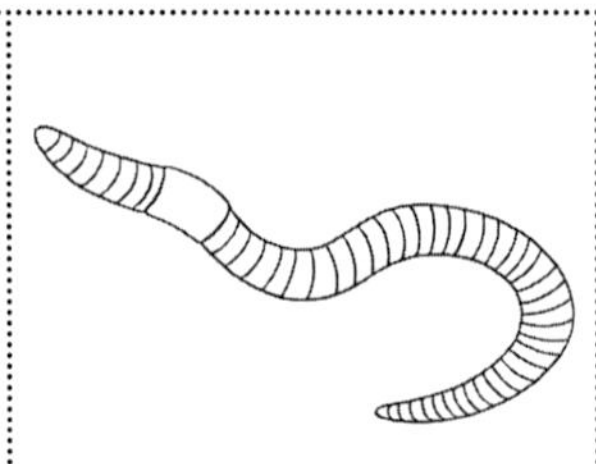

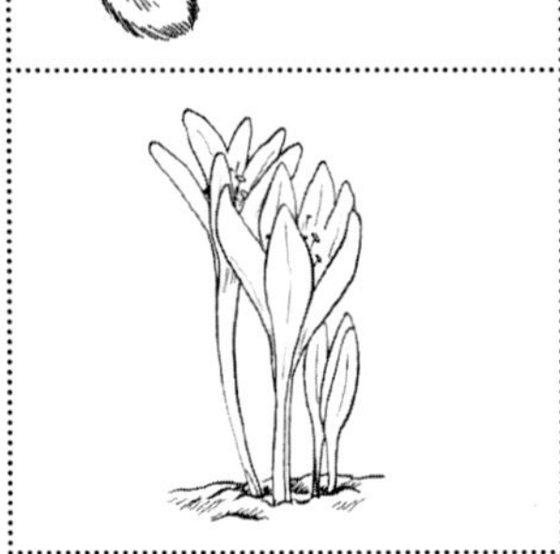

Name: ______________________________ Datum: ____________

Die Stockwerke des Waldes (2)

Name: ______________________________ Datum: ____________

Unsere Wälder

Ein natürlich gewachsener Wald, der von Menschen nicht verändert wird, ist ein Urwald.
Unsere Wälder sind aber fast alle von Menschen angelegt oder umgestaltet.
Wir legen Laubwälder, Nadelwälder oder Mischwälder an.
Der Laubwald ist meistens eine Mischung von Buchen und Eichen. Wir finden dort aber auch Kastanien, Birken und Ahornbäume.
In unseren Nadelwäldern wachsen hauptsächlich Fichten, aber auch Tannen und Kiefern, im Gebirge auch Lärchen.
Der Mischwald ist eine Gemeinschaft von Laub- und Nadelbäumen, meistens ist es jedoch eine Mischung aus Fichten, Tannen und Buchen.

☐ Nadelwald

☐ Laubwald

☐ Mischwald

1

3

2

Welches sind die häufigsten Laubbaumarten in Deutschland?

____

Welches ist die häufigste Nadelbaumart in Deutschland?

____

Aufgaben:
1. Lies den Text genau.
2. Sieh dir die Bilder der Wälder an. Kannst du erkennen, wo ein Laubwald, wo ein Nadelwald und wo ein Mischwald abgebildet ist? Trage die Nummern richtig ein!
3. Beantworte die beiden Fragen.

Name: ______________________ Datum: ____________

Urwälder

Wenn wir das Wort *Urwald* hören, denken wir sofort an die tropischen Regenwälder in Afrika oder Südamerika. Aber Urwälder finden wir überall auf der Welt, auch bei uns in Europa. Die letzten größeren Urwälder Europas sind in Schweden, Finnland und in Russland. Urwälder sind wichtige Lebensräume für viele Tier- und Pflanzenarten.
Ein Urwald hat sich ohne Einwirkung des Menschen entwickelt. Dort werden keine Bäume angepflanzt oder gefällt. Alles wächst, wie es die Natur möchte.
Auch abgestorbene Bäume werden im Urwald nicht weggeräumt.
In Deutschland gibt es kaum noch Urwälder, denn die meisten Waldgebiete hier werden bewirtschaftet. Das bedeutet, dass Bäume gefällt werden und das Holz verarbeitet wird. Der Förster pflanzt dann neue Laubbäume (z. B. Buche, Eiche) und Nadelbäume (z. B. Fichte, Kiefer), damit der Wald in einigen Jahrzehnten wieder Ertrag bringt. Es gibt reine Laubwälder und reine Nadelwälder, aber auch Mischwälder. Dort wachsen Laubbäume und Nadelbäume.

	Richtig	**Falsch**
Urwälder gibt es nur in Afrika.	A	F
Im Urwald leben viele Tierarten.	I	L
Ein Urwald hat sich ohne die Einwirkung von Menschen entwickelt.	C	K
Im Urwald werden Bäume gefällt und angepflanzt.	N	H
Die meisten Wälder in Deutschland sind Urwälder.	D	T
In Deutschland gibt es Laubwälder, Nadelwälder und Mischwälder.	E	O

Lösungswort: ___ ___ ___ ___ ___ ___

Aufgaben:
1. Lies den Text aufmerksam.
2. Richtig oder falsch? Lies die Sätze und kreise die Buchstaben ein. Du erhältst ein **Lösungswort.**

Name: ______________________ Datum: ____________

Die tropischen Regenwälder (1)

Ein Urwald ist ein natürlich gewachsener Wald, der von Menschen nicht verändert wird. Es werden keine Bäume gepflanzt oder gefällt. Bei uns werden die meisten Wälder bewirtschaftet. Wir legen zum Beispiel reine Laub- und Nadelwälder, aber auch Mischwälder an, fällen Bäume und verarbeiten sie zu Holz. Der Förster pflanzt dafür dann neue Bäume, meist Fichten, Eichen und Buchen. So bleibt der Wald erhalten.

In Südamerika und Afrika gibt es noch Urwälder, die Regenwälder. Dort leben viele Tier- und Pflanzenarten. Regenwälder nennt man auch *die Lunge der Welt.* Denn hier produzieren die vielen Bäume den Sauerstoff, den alle Menschen und Tiere auf der Welt zum Atmen brauchen. Deshalb ist es besonders wichtig, die Regenwälder zu schützen.
Doch immer mehr tropischer Regenwald wird abgeholzt. Die Menschen fällen die großen, uralten Bäume, um daraus Möbel, Papier und viele andere Produkte zu machen. Es werden aber auch Bäume gefällt, um Weideland für Nutztiere zu schaffen und Felder für Futterpflanzen anzulegen.

Wir können diese Urwälder schützen, indem wir zum Beispiel Recyclingpapier verwenden, keine Möbel aus Tropenhölzern kaufen, Lebensmittel aus unserer Region kaufen und weniger Fleischprodukte essen.

Aufgaben:

1. Lies den Text.
2. Löse das Kreuzworträtsel auf Arbeitsblatt (2).
   Du erhältst ein **Lösungswort.**
3. Suche dir einen Arbeitspartner. Überlegt, welchen Beitrag ihr zum Umweltschutz und zur Rettung der Regenwälder leisten könnt.
   Schreibt eure Ideen auf.
   Tipp: Schaut euch die Seite *www.abenteuer-regenwald.de/regenwald-retten/so-kannst-du-helfen/alltagstipps* an.

BVK • Anette Borgmann / Eva-Maria Schmidt: Themenheft „Wald“

Name: ______________________ Datum: ____________

Die tropischen Regenwälder (2)

1. In Deutschland legen wir Laubwälder, Nadelwälder und … an.
2. Auf welchem Erdteil finden wir große Regenwälder? Afrika und …
3. Was wird im Wald gefällt?
4. Was wird aus Tropenholz produziert? Möbel und …
5. Was schaffen die Menschen auf den abgeholzten Flächen? Weideland und …
6. Regenwälder sind die … der Welt.
7. Was produzieren die Bäume?

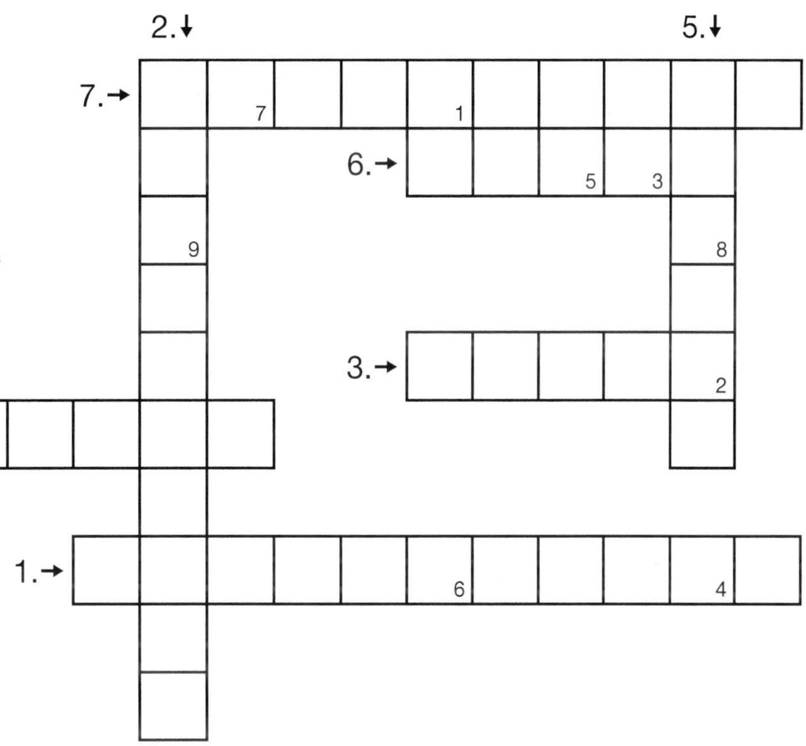

Lösungswort: ___ ___ ___ ___ ___ ___ ___ ___ ___
1. 2. 3. 4. 5. 6. 7. 8. 9.

Name: ____________________ Datum: ____________

Die Bestandteile des Baumes

Ein Laubbaum besteht aus drei Teilen: Wurzeln – Stamm – Äste mit Blättern.
Davon kannst du zwei Teile sehen, denn die Wurzeln befindet sich unter der Erde.
Vom Stamm aus gehen die Äste und Zweige in die Baumkrone.
Auch ein Nadelbaum besteht aus drei Teilen. Er hat aber Nadeln statt Blätter.

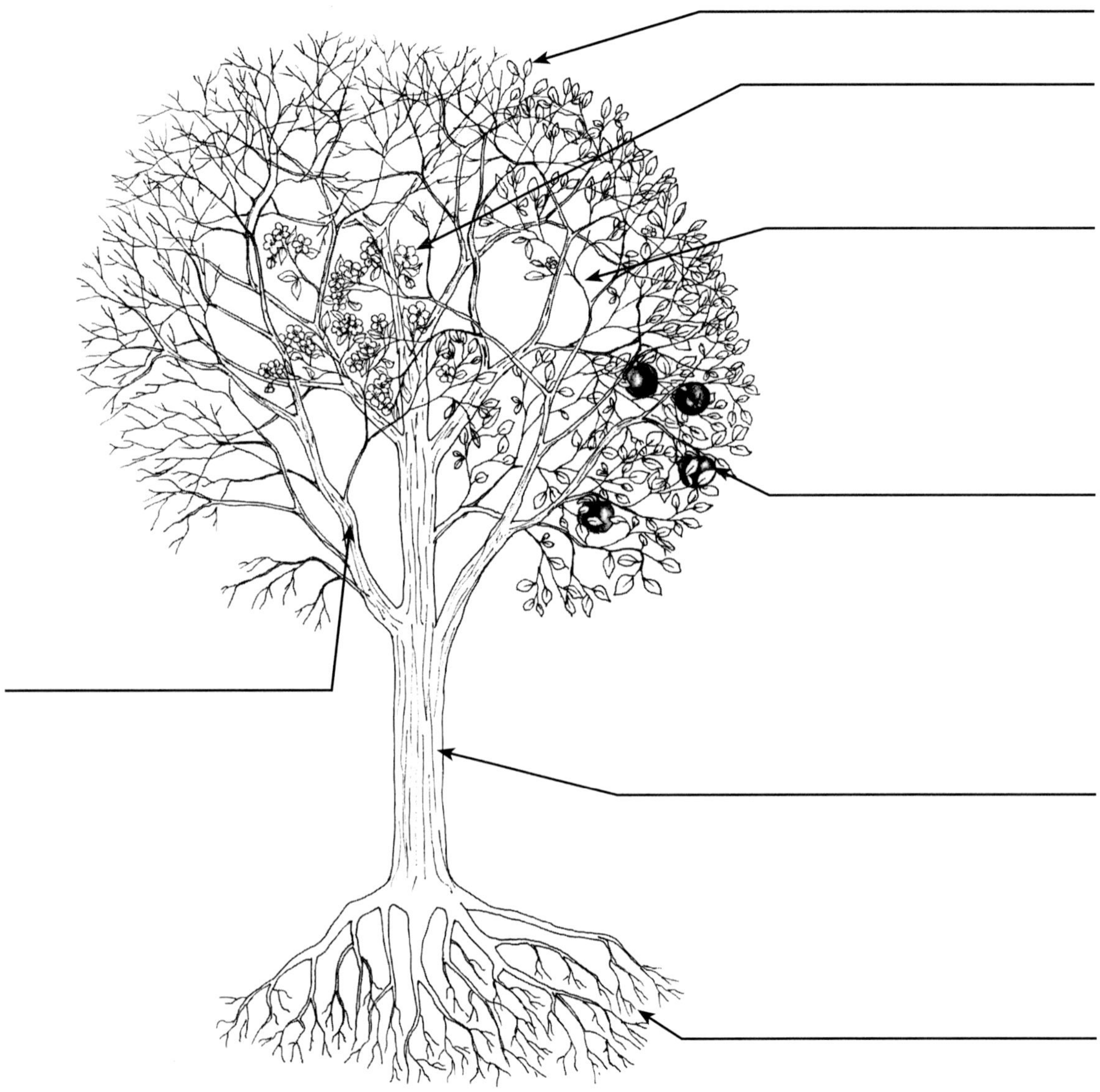

Aufgaben:

1. Beschrifte die Bestandteile des Baumes.
   Folgende Begriffe helfen dir:
   Wurzeln – Stamm – Äste – Zweige – Blätter – Früchte – Blüten
2. Male den Baum aus.

BVK • Anette Borgmann / Eva-Maria Schmidt: Themenheft „Wald“

Name: ______________________ Datum: __________

Nadelbäume

Jeder Baum hat Wurzeln in der Erde, einen Stamm und Äste. Daran wachsen Blätter oder Nadeln. Bei uns gibt es Laubbäume wie Eiche, Buche, Kastanie und Ahorn. Ihre Blätter werden im Herbst braun und fallen ab.
Nadelbäume haben keine Blätter, sondern, wie ihr Name schon verrät, Nadeln. Diese behalten sie auch im Winter. Nur die Nadeln der Lärche werden im Herbst gelb und fallen schließlich ab. Nadelbäume wachsen sowohl im Flachland als auch im Gebirge. In Deutschland gibt es vor allem Kiefern- und Fichtenwälder.
Die Samen der Nadelbäume reifen in den Zapfen. An den Nadeln, den Zapfen und der Baumform kannst du die Nadelbäume unterscheiden.

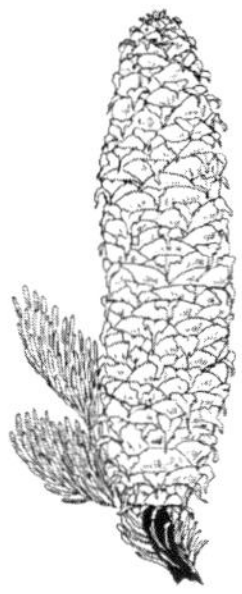

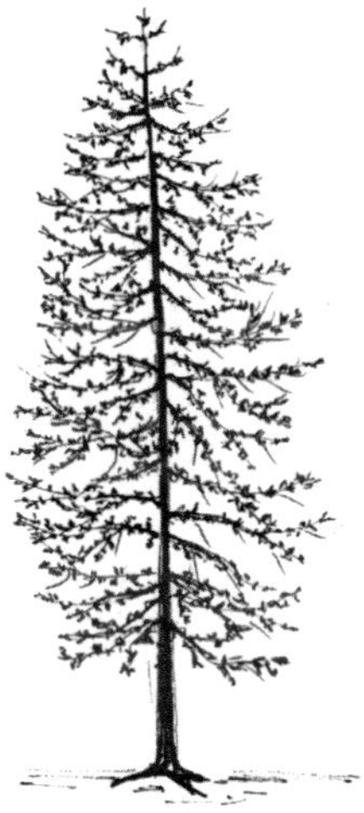

______________ ______________ ______________ ______________

Aufgaben:

1. Lies den Text und schaue dir die Bilder an.
2. Schreibe die Namen der verschiedenen Nadelbäume auf die Linien. Informiere dich in der Baumkartei oder in einem Sachbuch.
   Lärche – Kiefer – Fichte – Tanne
3. Verbinde die Zapfen mit den richtigen Bäumen.

BVK • Anette Borgmann / Eva-Maria Schmidt: Themenheft „Wald“

Name: ______________________________ Datum: __________

Laubbäume erkennen (1)

In Deutschland wachsen Nadelbäume und Laubbäume. Sie alle haben Wurzeln und einen Stamm. An den Ästen wachsen Nadeln oder Blätter. Im Herbst kannst du besonders gut Laubbäume voneinander unterscheiden, denn zu dieser Zeit findest du viele Blätter und Früchte der Bäume auf dem Waldboden. Aber auch in den anderen Jahreszeiten gibt es Merkmale, an denen du die Unterschiede erkennst. So kannst du im Winter die blattlosen Bäume anhand ihrer Form miteinander vergleichen und benennen. Im Sommer und im Frühjahr helfen dir die unterschiedlichen Formen der Blätter.

	Baum	Blatt	Frucht
Eiche			
Ahorn			
Buche			
Kastanie			

BVK • Anette Borgmann / Eva-Maria Schmidt: Themenheft „Wald“

Name: ____________________ Datum: __________

Laubbäume erkennen (2)

Aufgaben:

1. Lies den Text auf Arbeitsblatt (1).
2. Schneide nun die Bildkarten unten aus.
3. Lies die Texte der Baum-Kartei, um Blätter, Bäume und Früchte den richtigen Baumnamen zuzuordnen.
4. Beschrifte die Früchte der Bäume. Diese Wörter helfen dir:
   Eicheln – Ahornnase – Bucheckern – Kastanien
5. Klebe die Bildkarten richtig in die Tabelle auf Arbeitsblatt (1).

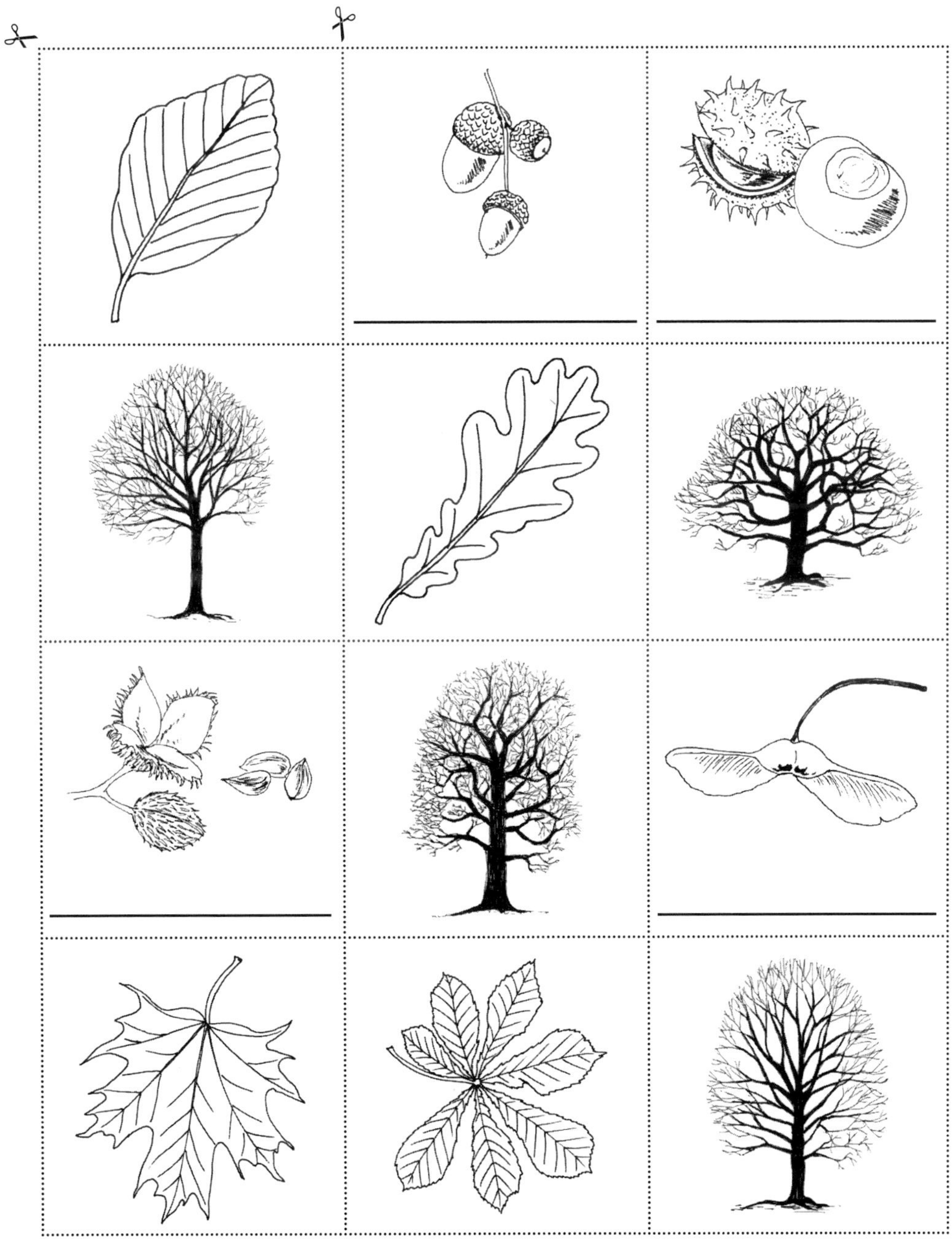

BVK • Anette Borgmann / Eva-Maria Schmidt: Themenheft „Wald“

Name: ________________________________ Datum: ______________

Waldbeeren-Puzzle

Aufgaben:

1. Schneide die Puzzleteile aus und lege die passenden Teile zusammen. So erhältst du bekannte Beeren, die in unseren Wäldern wachsen.
2. Klebe die Bildkarten auf ein Blatt.
3. Informiere dich in Sachbüchern, auf den Bildkarten oder im Internet (z. B. unter: *www.fragfinn.de, www.helles-koepfchen.de)* über die verschiedenen Beeren.
   Male sie dann in den richtigen Farben an.

Waldbeeren schmecken nicht nur lecker, sondern sind auch noch sehr gesund. Sie enthalten viele Vitamine. Bevor du sie isst, solltest du sie gut abwaschen!

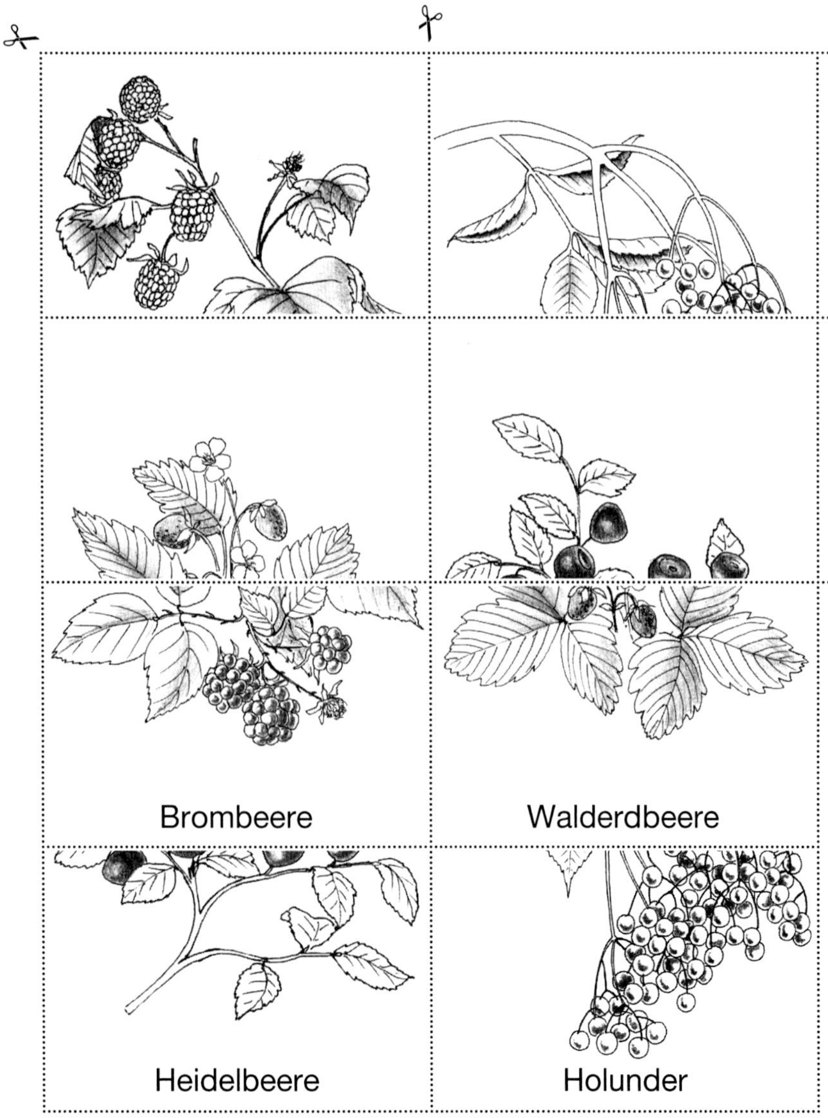

BVK • Anette Borgmann / Eva-Maria Schmidt: Themenheft „Wald“

Name: ______________________ Datum: ____________

Beeren

Im Sommer und Herbst reifen an den Sträuchern im Wald viele verschiedene Beeren. Einige sind essbar und schmecken sehr lecker. Manche sind aber auch giftig. Iss niemals Beeren, die du nicht kennst!

Der **Holunder** (Fliederbeere) wächst als Strauch oder kleiner Baum. Im Sommer blühen seine weißen Blüten und im Herbst entwickeln sich die schwarz-violetten Holunderbeeren. Sie wachsen in einer Traube mit vielen kleinen runden Beeren. 1

Die **Brombeere** ist eine kräftig rankende Pflanze. Ihre langen Zweige haben viele spitze Stacheln. Die Blüten der Brombeere sind weiß oder rosa. Die Beeren bestehen aus kleinen, schwarzen Einzelfrüchten. 2

Die rötliche **Himbeere** wächst an Sträuchern. Im Gegensatz zur Brombeere haben ihre Zweige viel dünnere oder gar keine Stacheln. Viele kleine Einzelfrüchte bilden eine Beere. 3

Die **Walderdbeere** sieht wie die bekannte Erdbeere aus. Sie ist nur viel kleiner! Die roten Früchte wachsen an niedrigen Pflanzen mit kurzen, behaarten Stängeln. Ihre Blüten sind weiß. 4

Die **Heidelbeere** (Blaubeere) wächst an Pflanzen in Nadel- und Laubwäldern. Die blauen, kugeligen Beeren sind saftig und reich an Vitaminen. Sie sind sehr gesund! 5

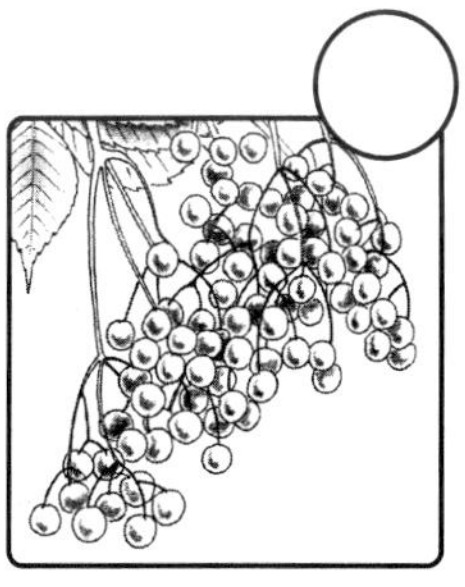

Aufgaben:

1. Lies die Texte und schaue dir die Bildkarten an.
2. Ordne die Texte über die Beeren den richtigen Bildern zu. Trage dafür die Zahlen in die Kreise ein.

Name: ______________________________ Datum: ______________

Waldbeeren-Rästel

Brombeere – Himbeere – Holunder – Walderdbeere – Heidelbeere

Ich wachse an großen Sträuchern mit spitzen Stacheln und weißen Blüten. Meine schwarzen Beeren bestehen aus vielen Einzelfrüchten. Aus ihnen kann man zum Beispiel Marmelade, Gelee oder Saft machen.

___ ___ ___ ___ ___ ___ ___ ___ ___
5 9

Bestimmt kennst du meine Verwandte, die Erdbeere. Wir sehen uns sehr ähnlich, aber ich bin viel kleiner! Ich wachse an niedrigen Pflanzen und meine Stängel sind behaart. Meine Blüten sind weiß und aus meinen Blättern kann man Tee machen.

___ ___ ___ ___ ___ ___ ___ ___ ___ ___ ___ ___
1 2

Du findest mich häufig an Sträuchern in Nadel- und Laubwäldern. Meine Beeren sind blau und rund. Aus ihnen kann man Marmelade oder Saft machen. Auch im Joghurt schmecken sie gut. Vielleicht kennst du mich ja unter dem Namen *Blaubeere?*

___ ___ ___ ___ ___ ___ ___ ___ ___ ___ ___
7 8

Meine Beeren sind rötlich. Sie bestehen aus vielen kleinen Einzelfrüchten. Ich wachse an Sträuchern mit dünnen oder gar keinen Stacheln. Aus meinen Früchten kann man leckere Marmelade und Sirup herstellen.

___ ___ ___ ___ ___ ___ ___ ___
6

Ich wachse an Sträuchern oder kleinen Bäumen. Im Sommer blühen meine weißen Blüten und im Herbst reifen meine schwarz-violetten Beeren. Sie wachsen in Trauben mit vielen kleinen kugeligen Früchten. Meine Blüten und Beeren kann man zu Saft oder Sirup verarbeiten. Ich werde auch *Fliederbeere* genannt.

___ ___ ___ ___ ___ ___ ___ ___
3 4

Lösungswort: ___ ___ ___ ___ ___ ___ ___ ___ ___
1 2 3 4 5 6 7 8 9

Aufgaben:

1. Lies die Rätsel. Kannst du herausfinden, welche Beeren sich dahinter verstecken? Die Wörter im Kasten oben und die Bildkarten helfen dir.
2. Trage die Namen der Beeren ein. Du erhältst ein **Lösungswort.**
3. Was kann man aus den Beeren herstellen? Schreibe auf.

Name: ______________________ Datum: ____________

Der Baum atmet

Bäume stellen Sauerstoff her. Das ist sehr wichtig, denn ohne Sauerstoff können wir nicht atmen. Dafür brauchen die Bäume Wasser, Licht und Kohlendioxid. Das Wasser bekommen sie über ihre Wurzeln aus der Erde, das Licht von der Sonne und das Kohlendioxid aus der Luft. Daraus machen sie in ihren Blättern den Sauerstoff und geben ihn danach an die Luft ab. Das heißt **Fotosynthese.**

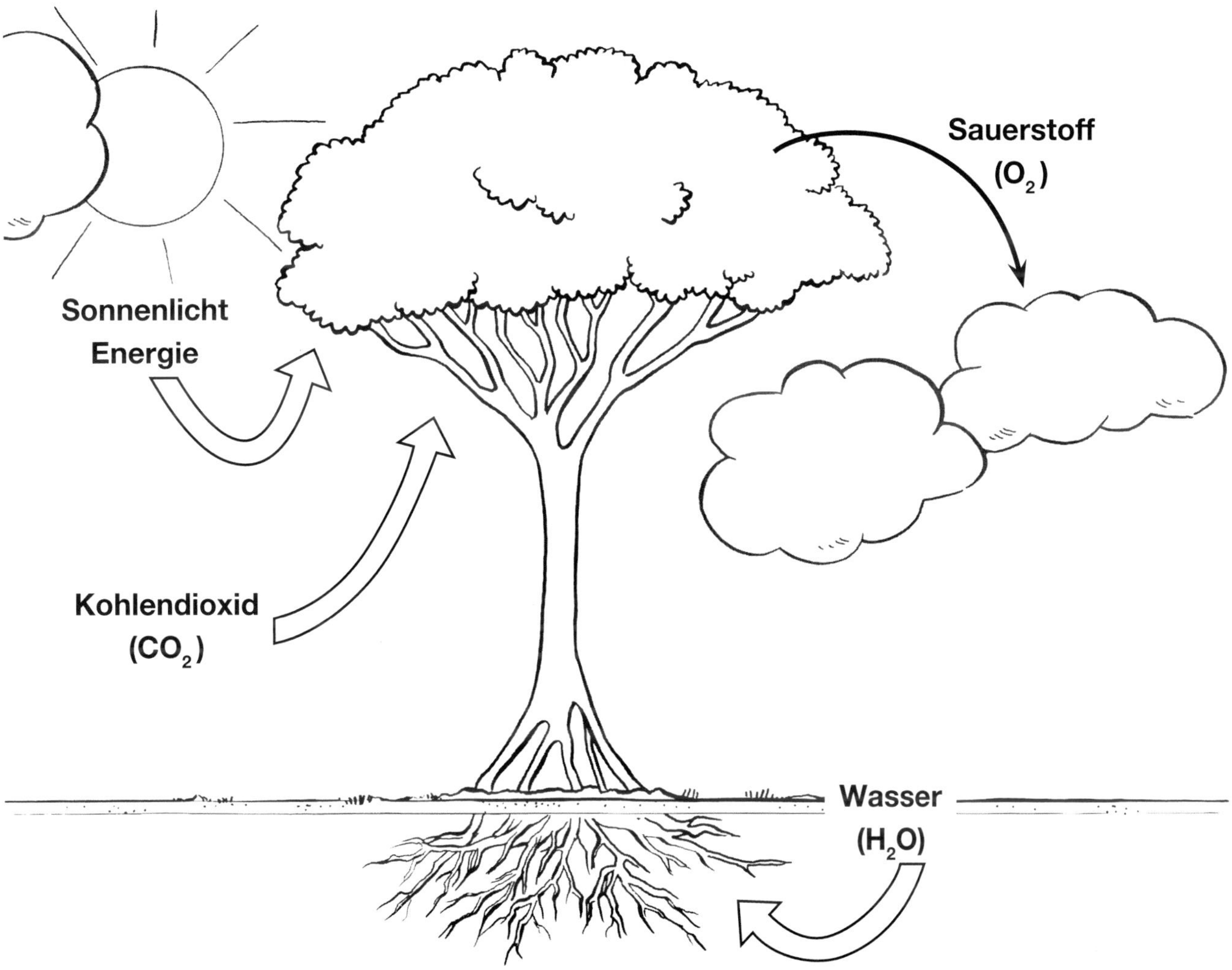

Aufgaben:

1. Lies den Text.
2. Schaue dir das Bild an. Was braucht der Baum für die Fotosynthese?
   Male die Pfeile an: Sonnenlicht = gelb, Wasser = blau, Kohlendioxid = rot.
3. Male auch den Baum aus.

Name: ______________________ Datum: ____________

Der Wald erfüllt viele Aufgaben (1)

Aufgaben:

1. Lies den Text und schaue dir das Bild auf Arbeitsblatt (2) an.
2. Lies die Kärtchen und schneide sie aus.
   Klebe sie danach richtig ins Schaubild auf Arbeitsblatt (2) ein.
3. Male das Bild aus.
4. Welche Funktionen hat der Wald? Schreibe in dein Heft.

Die Bäume im Wald haben verschiedene Funktionen. Sie reinigen zum Beispiel die Luft. Dazu filtern sie die Schmutzteilchen mit ihren Blättern und Nadeln heraus.
Die Bäume nehmen auch Kohlendioxid aus der Luft auf und wandeln es mit Hilfe von Sonnenlicht in ihren Blättern in Sauerstoff um. Das nennt man **Fotosynthese.** Den Sauerstoff brauchen wir zum Atmen.

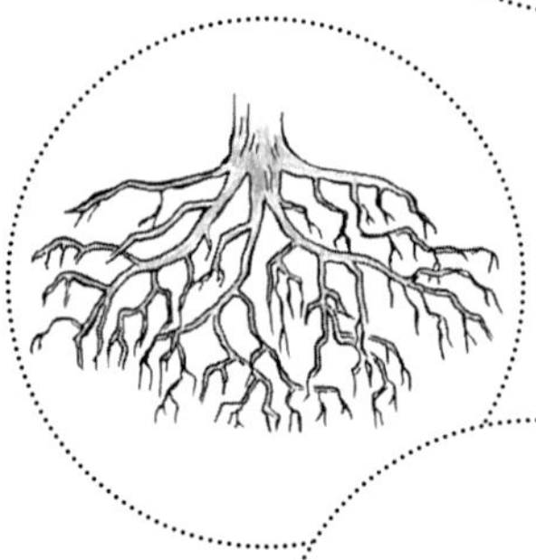

Mit ihren Wurzeln halten die Bäume den Erdboden fest. So verhindern sie Erdrutsche oder Lawinen an Hängen und Bergen. Über die Wurzeln nehmen sie auch Wasser und Nahrung auf.

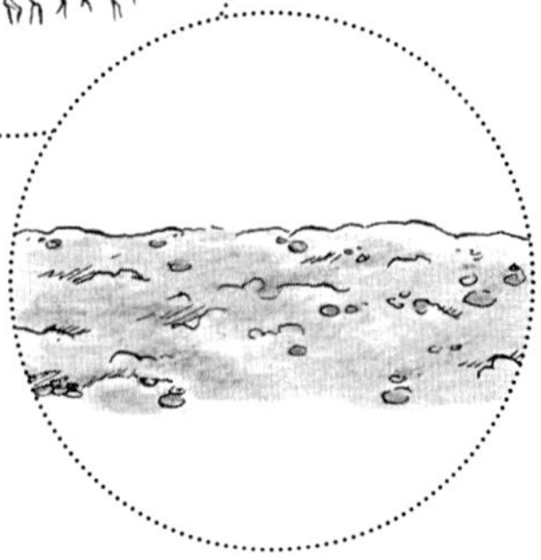

Wasser tropft im Wald langsam durch die verschiedenen Stockwerke nach unten bis in den Boden. Dort wird es durch die verschiedenen Waldbodenschichten gefiltert und gereinigt. So entsteht besonders gutes und sauberes Trinkwasser.

Die Wurzeln halten den Erdboden fest.	Die Blätter wandeln Kohlendioxid in Sauerstoff um.
Die Blätter und Nadeln nehmen Schmutzteilchen aus der Luft auf.	Der Waldboden reinigt das Wasser.

Name: ______________________________ Datum: ______________

Der Wald erfüllt viele Aufgaben (2)

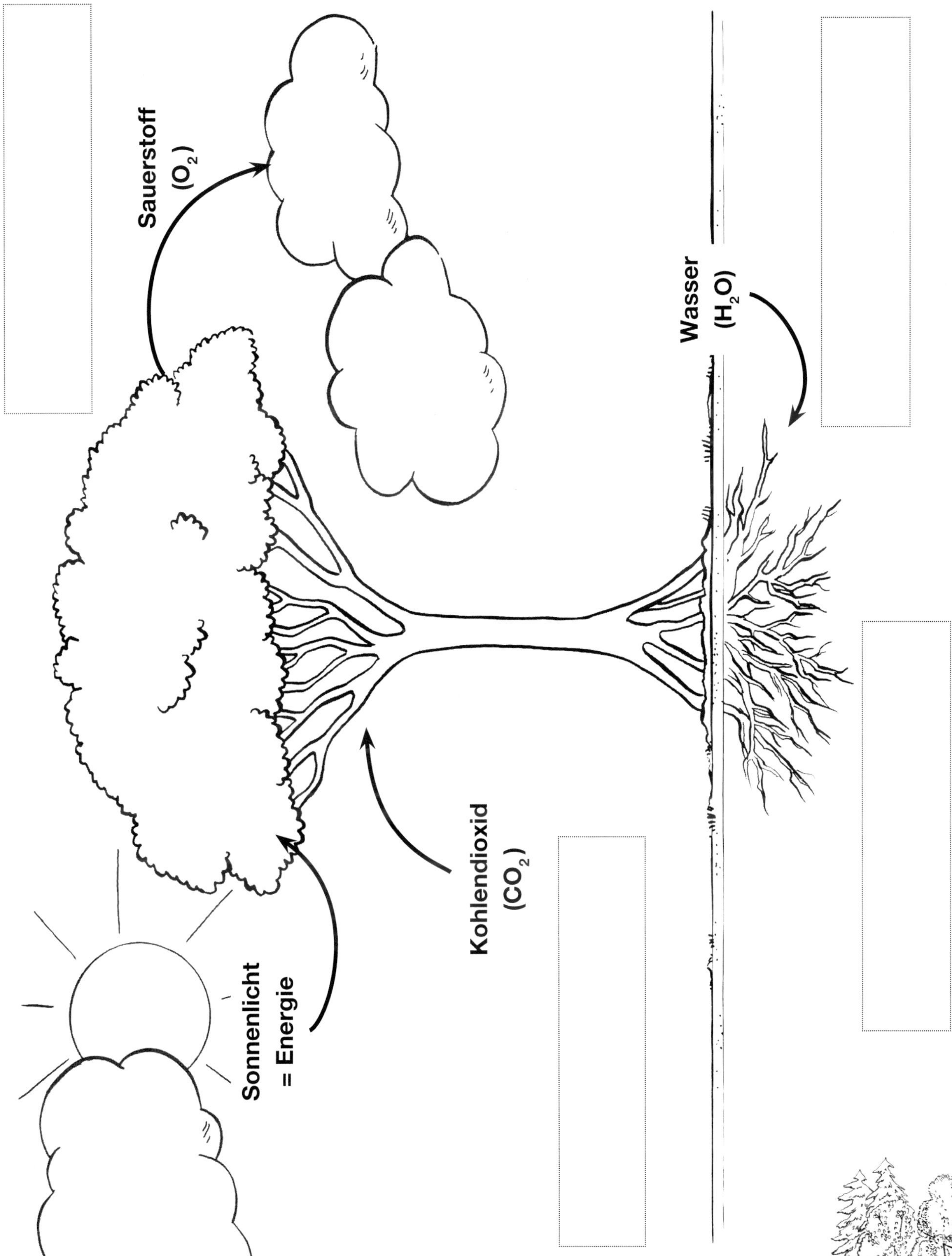

BVK • Anette Borgmann / Eva-Maria Schmidt: Themenheft „Wald“

Name: ______________________ Datum: __________

Fotosynthese

Bäume brauchen Nahrung, wie jedes andere Lebewesen auch. Die bekommen sie durch das **Wasser,** das die Wurzeln aus dem Boden aufnehmen. Sie stellen aber mit Hilfe des **Sonnenlichtes** auch selbst Nährstoffe her. Dieser Vorgang passiert in den Blättern oder Nadeln der Bäume. Sie nehmen **Kohlendioxid** aus der Luft auf und wandeln es in **Sauerstoff** um. Diese Umwandlung nennt man **Fotosynthese.**

Der Wald ist so ein riesiges „Kraftwerk“, weil dort durch Sonnenenergie der Sauerstoff hergestellt wird, den wir zum Leben brauchen. Der Wald arbeitet dabei wie ein Filter, denn die Nadeln und Blätter der Bäume nehmen viele Staub- und Schmutzteilchen aus der Luft auf und geben reine Luft wieder ab.

Diesen Vorgang nennt man ______________________ .

Aufgaben:
1. Lies den Informationstext. Hier erfährst du, wie ein Baum atmet.
2. Schreibe die **fett** gedruckten Begriffe aus dem Text auf die Linien.
3. Male das Bild aus.
4. Suche dir einen Arbeitspartner.
   Erklärt euch gegenseitig die Fotosynthese.

Tipp: Achte bei deinem nächsten Waldspaziergang einmal darauf, wie kühl es im Wald ist. Atme die sauerstoffreiche, saubere Luft tief ein.

BVK • Anette Borgmann / Eva-Maria Schmidt: Themenheft „Wald“

Name: ______________________________ Datum: ______________

Waldtiere

Aufgaben:

1. Kennst du die Tiere, die in unseren Wäldern leben?
   Schneide die Bild- und Textkarten aus und ordne sie einander richtig zu.
2. Klebe die Karten paarweise auf ein Blatt und schreibe die Namen der Tiere daneben. Diese Wörter helfen dir:
   Eichhörnchen – Wildschwein – Fuchs – Reh – Dachs

Wenn du im Wald Tiere beobachten möchtest, musst du leise sein. Denn die meisten Waldtiere sind sehr scheu und deshalb schwer zu entdecken. Du hast aber sicherlich schon viele unserer heimischen Wildtiere in Filmen oder auf Bildern gesehen.

Sein Fell ist rötlich. Er ernährt sich hauptsächlich von kleinen Säugetieren und Insekten.	Er gräbt sich einen Bau, der ihm im Sommer als Versteck dient. Im Winter hält er hier seine Winterruhe. Sein Fell ist schwarz-weiß.
Sein Fell ist rot-braun. Der Bock wirft sein Gehörn jedes Jahr im Winter ab.	Die Nester dieser Tiere heißen *Kobel.* Hier werden die Jungen geboren und hier verbringt das Tier auch seine Winterruhe.
Diese Tiere nennt der Förster *Schwarzwild.* Sie leben in Gruppen zusammen und sind Allesfresser.	

Name: ______________________________ Datum: __________

Das Wildschwein

Wildschweine leben in vielen Wäldern und verbreiten sich stark, weil sie Allesfresser sind. Das bedeutet, sie fressen alles, was sie in ihrer Umgebung finden: Wurzeln, Würmer, Schnecken, Pilze, Blätter, Früchte, aber auch tote Tiere oder Vogeleier.
Vor allem durch den starken Maisanbau in Europa finden Wildschweine auch viel Futter auf den Feldern.
Jäger bezeichnen Wildschweine auch als Schwarzwild, Schwarzkittel oder Sauen.
Das männliche Wildschwein nennt der Jäger Keiler, das weibliche Wildschwein Bache und die Jungtiere Frischlinge. Der Keiler hat lange Eckzähne.
Etwa einmal jährlich wirft die Bache ungefähr sieben Jungtiere. Die Frischlinge sind bei ihrer Geburt bereits behaart. Du erkennst sie an ihren auffälligen Streifen in ihrem Fell. Das erwachsene Wildschwein hat ein schwarz-braunes Fell mit langen borstigen Haaren.
Wildschweine leben häufig zusammen in einer Familiengruppe. Diese nennt man Rotte. Sie besteht aus einem Keiler, mehreren Bachen und den Jungtieren. Oft leben männliche Tiere aber auch allein.

Eine Gruppe von Wildschweinen heißt ______________________________ .

Aufgaben:
1. Lies den Text aufmerksam.
2. Im Text findest du viele Begriffe, die Jäger verwenden.
   Unterstreiche sie.
3. Schreibe danach die richtigen Begriffe auf die Linien.

Name: ______________________________ Datum: ____________

Hirsche und Rehe (1)

Viele Menschen denken, dass der Hirsch das männliche Reh ist. Das stimmt aber nicht, denn Hirsche und Rehe sind unterschiedliche Tierarten!

Die **Rothirsche** sind die größten Tiere in unseren Wäldern. Mehrere zusammenlebende Tiere nennen wir ein **Rudel.** Rothirsche ernähren sich von Gräsern, Laub und saftigen Zweigen. Nur die männlichen Tiere, die **Hirsche,** tragen auf dem Kopf ein Geweih. Jedes Jahr im Mai wirft der Hirsch sein Geweih ab und bekommt im Herbst ein neues, größeres. Je älter ein Hirsch ist, desto größer und verzweigter ist auch sein Geweih.

Die weiblichen Tiere nennen wir **Hirschkühe.** Sie bekommen im Frühjahr ein oder zwei Jungtiere, die **Hirschkälbchen.**

Rehe leben meist einzeln oder in kleinen Gruppen zusammen. Sie ernähren sich von Gras, Kräutern und zartem Laub. Das männliche Tier heißt **Rehbock** und trägt auf dem Kopf ein Gehörn, das aber kleiner ist als das des Rothirsches. Rehböcke werfen ihr Gehörn im Spätherbst ab, im Januar wächst dann das größere und ebenfalls verzweigtere neue Gehörn. Das weibliche Tier wird **Ricke** genannt. Es bekommt im Mai ein oder zwei Junge, die **Rehkitze.**

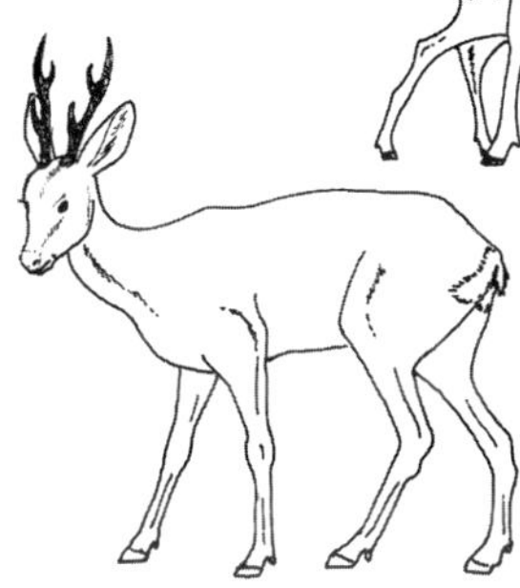

Aufgaben:

1. Lies den Text und unterstreiche wichtige Informationen.
2. Beantworte nun die Fragen zu Hirschen und Rehen auf Arbeitsblatt (2).
3. Trage die Unterschiede zwischen Hirschen und Rehen in die Tabelle ein.

Name: ______________________________ Datum: ____________

Hirsche und Rehe (2)

Hast du alles verstanden? Teste dein Wissen!

1. Wie heißt der männliche Rothirsch? ____________________
2. Wie heißt das weibliche Tier der Rothirsche? ____________________
3. Wie wird das Jungtier vom Hirsch genannt? ____________________
4. Wann wirft der Rothirsch sein Geweih ab? ____________________
5. Wann wächst das neue Geweih des Hirsches? ____________________
6. Wie heißt das männliche Reh? ____________________
7. Wie nennt man das weibliche Reh? ____________________
8. Wie heißt das Jungtier des Rehs? ____________________
9. Wann verliert der Rehbock sein Gehörn? ____________________
10. Wann wächst das neue Gehörn? ____________________

Hirsch	Reh

Rückseite Bildkarten

Themen-Heft Wald
BVK Buch Verlag Kempen

Themen-Heft Wald
BVK Buch Verlag Kempen

Themen-Heft Wald
BVK Buch Verlag Kempen

Themen-Heft Wald
BVK Buch Verlag Kempen

Themen-Heft Wald
BVK Buch Verlag Kempen

Themen-Heft Wald
BVK Buch Verlag Kempen

Themen-Heft Wald
BVK Buch Verlag Kempen

Themen-Heft Wald
BVK Buch Verlag Kempen

Farbige Bildkarten (1)

das Reh

der Rothirsch

das Wildschwein

der Dachs

der Fuchs

der Uhu

der Mäusebussard

der Specht

Farbige Bildkarten (2)

die Walderdbeere

die Heidelbeere

die Brombeere

die Himbeere

der Holunder

die Erdbeere

die Brennnessel

die weiße Taubnessel

Rückseite Bildkarten

Name: ______________________________ Datum: ____________

Waldvögel

Hast du bei einem Waldspaziergang schon einmal hoch in die Baumkronen geschaut? Mit etwas Glück kannst du dort einige schöne Vögel sehen. Manche Vögel kannst du zuerst nur schwer erkennen, weil sie durch ihr Gefieder sehr gut getarnt sind!

Dieser Nachtvogel ist die größte Eule Europas. Er jagt nachts nach Mäusen, Fröschen und anderen Kleintieren.

Dieser Vogel sammelt im Herbst viele Eicheln als Wintervorrat. Daher hat er seinen Namen.

Wenn du ein Trommeln im Wald hörst, ist dieser Vogel bestimmt in der Nähe. Er sucht die morschen Äste und hohlen Stämme nach Insekten ab.

Dieser Vogel ruft ab Mai ständig seinen Namen durch den Wald, um ein Weibchen anzulocken. Das Weibchen legt seine Eier in die Nester anderer Singvögel.

Diese Drosselart ist durch ihren hübschen Gesang sehr bekannt. Sie bewohnt vor allem dichte Laubwälder.

Aufgaben:

1. Lies die Texte und schaue dir die Bilder an.
2. Verbinde die Texte mit den passenden Bildern. Wenn du unsicher bist, schaue in Sachbüchern oder im Internet (z. B. unter: *www.helles-koepfchen.de)* nach.
3. Die Bilder der Vögel werden schöner, wenn du sie naturgetreu ausmalst.

BVK • Anette Borgmann / Eva-Maria Schmidt: Themenheft „Wald“

Name: ________________________ Datum: ____________

Eulen und Greifvögel (1)

In unseren Wäldern leben viele Vogelarten. Wenn du aufmerksam durch den Wald gehst, hörst du zum Beispiel Spechte, Kuckucke oder siehst Finken und Meisen. Aber vielleicht entdeckst du auch größere Vögel. Denn in unseren Wäldern sind auch **Raubvögel** wie Eulen und Greifvögel zu Hause.

Die größte **Eulenart** ist der Uhu. Aber auch der kleinere Steinkauz, der Waldkauz und die Waldohreule siedeln sich in unseren Wäldern häufig an. Eulen schlafen am Tag und jagen in der Nacht. Sie haben besondere Federn und fliegen fast lautlos. Sie fressen Mäuse, Frösche und andere kleine Tiere.

Zu den **Greifvögeln** zählen zum Beispiel Bussard, Adler und Habicht.
Der Mäusebussard kommt von allen Greifvogelarten am häufigsten bei uns vor. Wenn du also auf einem Zaunpfahl am Feld einen großen Greifvogel sitzen siehst, ist es oft ein Mäusebussard. In Deutschland leben vier Adler-Arten: der Fischadler, der Seeadler, der Steinadler und der Schreiadler.

Greifvögel jagen im Gegensatz zu den Eulen am Tag. Sie können sehr gut sehen und ihre Beute hoch oben aus der Luft beobachten. Haben sie zum Beispiel eine Maus entdeckt, schießen sie pfeilartig zu Boden und greifen das Beutetier mit ihren scharfen Krallen. Mit ihrem kräftigen Hakenschnabel können sie ihre Beute leicht zerteilen und damit auch ihre Jungen im Nest füttern. Das Nest der Greifvögel nennt man Horst.

Aufgaben:

1. Lies den Text.
2. Unterstreiche die Namen der drei Eulenarten rot, die acht genannten Greifvögelarten gelb und die anderen Waldvögel blau.
3. Im Suchsel auf Arbeitsblatt (2) haben sich zehn Vogelarten aus dem Text versteckt. Du findest sie senkrecht ↓ und waagerecht →. Markiere die Eulenarten rot, die Greifvogelarten gelb und die anderen Waldvögel blau.
4. Suche dir einen Arbeitspartner. Erstellt ein Lernplakat zu einer Eulen- oder Greifvogelart. Informiert euch in Sachbüchern oder im Internet (z. B. *www.helles-koepfchen.de).*

Name: ______________________ Datum: ____________

Eulen und Greifvögel (2)

J	Z	D	X	B	N	F	A	S	R	X	L	U	H	U
Y	P	Ä	K	K	S	L	I	P	H	G	C	J	X	A
S	Z	V	U	E	A	T	D	E	E	F	V	F	R	K
T	T	P	C	M	T	Ö	X	C	W	Y	I	I	C	O
E	P	X	K	L	R	J	X	H	I	Ö	T	N	Z	A
I	K	Y	U	N	N	I	Z	T	S	A	J	K	N	Y
N	Q	F	C	I	D	X	K	S	R	I	Z	V	N	M
K	L	R	K	S	J	H	A	B	I	C	H	T	S	E
A	G	N	R	W	Z	F	T	N	G	O	V	R	K	I
U	Z	M	Ä	U	S	E	B	U	S	S	A	R	D	S
Z	T	S	G	Q	Q	R	O	S	F	N	H	M	S	E
C	D	X	U	H	G	F	Q	Z	C	Y	P	K	M	J
R	W	W	A	L	D	O	H	R	E	U	L	E	C	Y
R	W	Z	F	T	N	G	O	V	P	O	X	T	P	C
Y	J	E	S	T	E	I	N	A	D	L	E	R	S	E

BVK • Anette Borgmann / Eva-Maria Schmidt: Themenheft „Wald“

Name: ______________________ Datum: ____________

Greifvögel in Gefahr

Aufgaben:
1. Lies den Text.
2. Schaue dir nun die Bilder an. Schneide sie aus und klebe sie in der richtigen Reihenfolge auf ein Blatt.
3. Was erkennst du auf den Bildern? Schreibe passende Sätze daneben.
4. Suche dir einen Arbeitspartner. Erklärt euch gegenseitig, warum Greifvögel vom Aussterben bedroht waren und wie sie sich wieder erholen konnten.

Die meisten Greifvögel sind ziemlich groß und sehen beeindruckend aus. Sie haben einen Hakenschnabel und starke Krallen, mit denen sie ihre Beute greifen. Oft ist es ein Mäusebussard, den wir auf einem Zaunpfahl sitzen sehen. Er kommt bei uns sehr häufig vor und gilt auch nicht mehr als bedrohte Art.
Das war vor einigen Jahrzehnten noch anders. Vor etwa 50 Jahren waren fast alle Greifvogelarten vom Aussterben bedroht. Dann wurden Schutzmaßnahmen ergriffen und die Greifvögel durften nicht mehr gejagt werden. Außerdem erkannten Forscher einen Zusammenhang zwischen bestimmten Pflanzenschutzmitteln und dem Aussterben der Vögel.
Die Bezeichnung Pflanzenschutzmittel hört sich ja eigentlich gut an, denn man könnte meinen, dass diese Mittel Pflanzen schützen. Sie bewirken aber nur, dass die Pflanzen zum Beispiel von Raupen oder Feldmäusen nicht mehr angefressen werden. Denn Pflanzenschutzmittel sind giftig!
Frisst ein Greifvogel nun eine vergiftete Feldmaus, nimmt er über sie die schädlichen Mittel auf. Diese sind für ihn und seine Jungen sehr gefährlich!
Nachdem Forscher das herausgefunden hatten, wurde der Einsatz von vielen Giftstoffen in der Landwirtschaft verboten. Die Greifvögel erholten sich und bekamen auch wieder mehr Nachwuchs.

Name: ______________________ Datum: ____________

Baum-Steckbrief

Name des Baumes: ______________________

Beschreibung der Blattform: ______________________

____

Bezeichnung der Frucht: ______________________

Besondere Kennzeichen: ______________________

____

____

____

____

Aufgaben:

1. Suche dir einen Laubbaum aus.
2. Fülle den Steckbrief aus.
3. Male den Baum in den Kasten. Wenn du möchtest, kannst du auch Blätter, Blüten oder Früchte des Baumes einkleben.

Name: ______________________ Datum: ____________

Eine Baumgeschichte

Auf der Baumscheibe siehst du viele Ringe. In jedem Jahr bildet der Baum einen neuen. Die Anzahl der Ringe verrät uns so sein Alter. Die Ringe sind sehr unterschiedlich ausgebildet, dadurch erzählt uns der Baum seine Lebensgeschichte.
Hier „siehst“ du die Geschichte einer Kiefer in ihren Jahresringen.

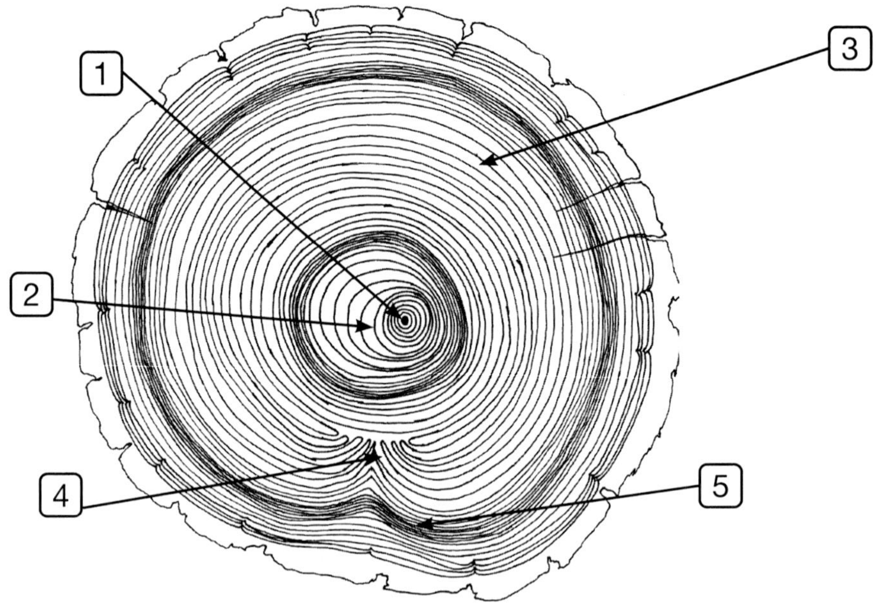

☐ Diese engen Jahresringe deuten auf eine mehrjährige Trockenheit hin.

☐ Ein Waldbrand hat unsere Kiefer verletzt. Zum Glück hat sie überlebt und Jahr für Jahr wächst neues Holz über die Wunde.

☐ Der Baum wächst ungestört. Da es genügend geregnet hat, bilden sich gleichmäßige, breite Jahresringe.

☐ Als der Baum vier Jahre alt ist, drückt etwas Schweres gegen ihn. Er lehnt sich zur Seite und bildet an der gegenüberliegenden Seite dickeres Holz, das ihn stützt.

☐ Das Leben einer neuen Kiefer beginnt mit einem Kiefersamen.

Aufgaben:
1. Lies den Text.
2. Schaue dir das Bild an.
3. Ordne zu, was der Kiefer in ihrem Leben passiert ist.
   Schreibe die richtigen Zahlen in die Kästchen.
4. Schreibe die Lebensgeschichte der Kiefer auf.

Name: ______________________ Datum: ____________

Die Brennnessel

Wer einmal eine **Brennnessel** berührt hat, wird sich wohl für immer an das unangenehme Brennen erinnern. Die Brennnessel brennt, weil sie sich so gegen Fressfeinde verteidigen will. Sie schützt sich durch Brennhaare, wie andere Pflanzen beispielsweise durch Stacheln und Dornen.

Wenn du die Brennhaare unter einem Mikroskop vergrößert betrachtest, siehst du eine Art Nadel mit einem kleinen runden Köpfchen. Wird das Brennhaar nun berührt, bricht das Köpfchen ab und eine Spitze entsteht. Diese dringt in die Haut ein und setzt das Brennnesselgift frei. Das Gift verursacht ein Jucken und Brennen auf der Haut. Wenn du dich kratzt, verteilt sich das Gift und das Brennen wird stärker!

Falls du einen Brennnesselstich bekommst, solltest du die Stelle säubern und ein kaltes Tuch darauf legen. Wenn du im Wald bist, schaue dich nach **Breitwegerich** um. Diese Blätter kannst du pflücken und damit die brennende Stelle auf der Haut abreiben. Das lindert den Schmerz.

Wenn eine vermeintliche Brennnessel nicht brennt, handelt es sich meist um eine Pflanze, die ihr sehr ähnlich sieht. Man nennt sie **Weiße Taubnessel.** Im Gegensatz zur Brennnessel hat sie keine Brennhaare.

Brennnessel

Weiße Taubnessel

Breitwegerich

Aufgaben:

1. Lies den Text.
2. Zeichne eine Brennnessel auf ein Blatt.
   Schreibe auf, warum sie bei Berührung brennt.
3. Was hilft gegen das Jucken und Brennen bei einem Brennnesselstich? Schreibe es auch unter deine Zeichnung.

Zusatzaufgabe: Schaue dir zusammen mit einem Partner eine Brennnessel unter einem Mikroskop genau an. Könnt ihr die Brennhaare erkennen?

BVK • Anette Borgmann / Eva-Maria Schmidt: Themenheft „Wald"

Name: ______________________ Datum: __________

Pilze

Pilze sind eine eigene Art von Lebewesen. Sie zählen nicht zu den Pflanzen und auch nicht zu den Tieren.

Die meisten Pilze finden wir im Wald. Wir sehen aber nur einen kleinen Teil des Pilzes, den **Fruchtkörper.** Der eigentliche Pilz wächst unter der Erde. Er besteht aus einem Netz aus weißlichen Fäden, das riesengroß werden kann. Dieses Pilzgeflecht nennt man **Myzel.**

Pilze brauchen wie alle Lebewesen Nahrung. Sie ernähren sich von abgestorbenen Pflanzen. Gerade im Wald sind Pilze dadurch besonders wichtig. Sie können abgestorbene Pflanzen zersetzen und in nährstoffreiche Erde verwandeln.
So können im Wald wieder neue Pflanzen wachsen.

Der Fruchtkörper einiger Pilzarten eignet sich als Speisepilz und kann gegessen werden. Es gibt jedoch auch viele Pilzarten, die giftig sind. Deshalb solltest du Pilze im Wald nie allein sammeln und essen! Dafür gibt es erfahrene Pilzexperten.
Sie können essbare von giftigen Pilzen unterscheiden.

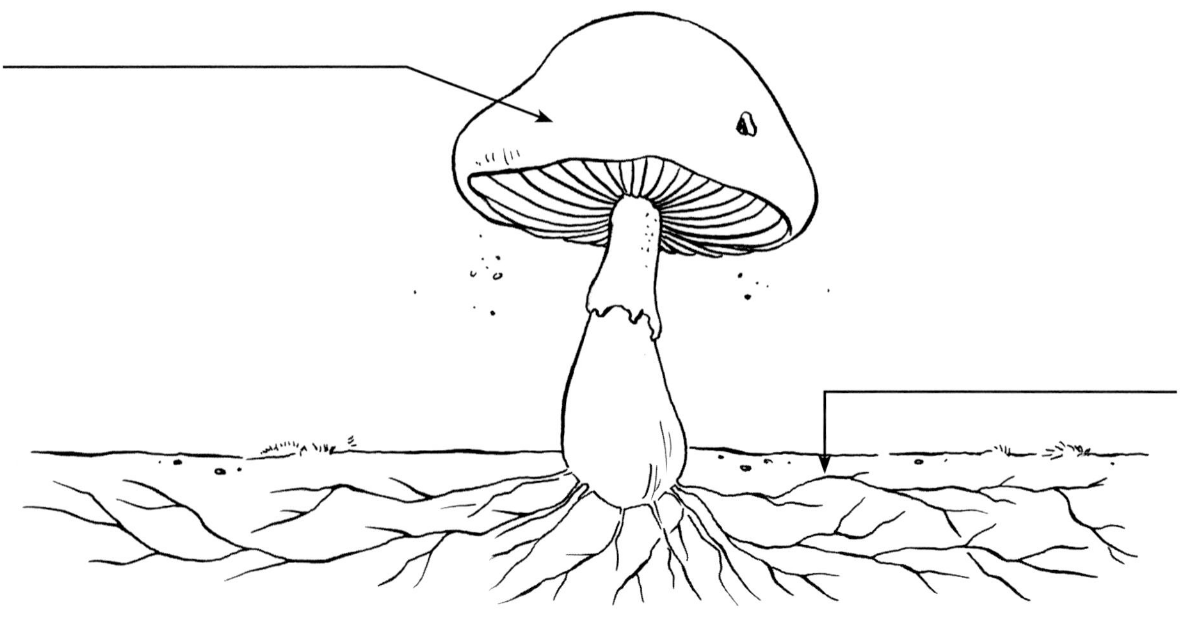

Aufgaben:

1. Lies den Text.
2. Sieh dir das Bild an. Ordne folgende Begriffe zu:
   Myzel – Fruchtkörper
3. Male den Pilz aus.

Name: ______________________ Datum: __________

Jägerlatein

Die Förster und Jäger benutzen oft merkwürdige Ausdrücke, wenn sie die Körperteile der Wildtiere beschreiben.
Die Beine und Füße des Rehs nennt der Jäger **Läufe.**
Das Geweih wird **Gehörn** genannt. Es wird am Jahresende abgeworfen und wächst dem Rehbock bis zum Frühling wieder nach.
Die Ohren heißen **Lauscher** und die Augen **Lichter.**
Der Mund des Rehs heißt **Äser,** weil man beim Reh auch von *äsen* und nicht von fressen spricht.
Der helle Fleck am Hinterteil wird **Spiegel** genannt und der Schwanz **Wedel.**

Der Rehbock

Aufgaben:

1. Lies den Text. Achte dabei besonders auf die **fett** gedruckten Wörter.
   Nun weißt du, wie der Jäger die Körperteile eines Rehs bezeichnet.
2. Trage die richtigen Begriffe in die Zeichnung ein.

Name: ______________________________ Datum: ____________

Die Rote Waldameise

In unseren Wäldern finden wir die hügelförmigen Nester der Roten Waldameise. Die kleinen Tiere errichten aus Nadeln und Holzstückchen große Bauten, die bis zu zwei Metern hoch und zehn Metern breit werden können. In einem Ameisenvolk leben eine oder mehrere Königinnen, viele weibliche Arbeiterinnen und die männlichen Drohnen. Die Arbeiterinnen sind etwa neun Millimeter lang, die Drohnen und die Königinnen elf Millimeter. Eine Ameisenkönigin wird bis zu 25 Jahre alt, eine Arbeiterin etwa sechs Jahre. Die Drohnen leben nur wenige Wochen. Jede Ameise hat eine bestimmte Aufgabe. Die Königin zum Beispiel legt die Eier, die Arbeiterinnen bauen das Nest und versorgen die Larven und die Drohnen befruchten die Königin.

Ein Ameisenvolk erbeutet täglich viele Spinnen und Insekten. Diese verfüttern sie an die Ameisenlarven.
Die erwachsenen Ameisen ernähren sich hauptsächlich von Honigtau und Blattläusen. Ameisen fressen auch viele Schädlinge und sind darum sehr wichtig für einen gesunden Wald. Die Rote Waldameise steht unter Naturschutz!

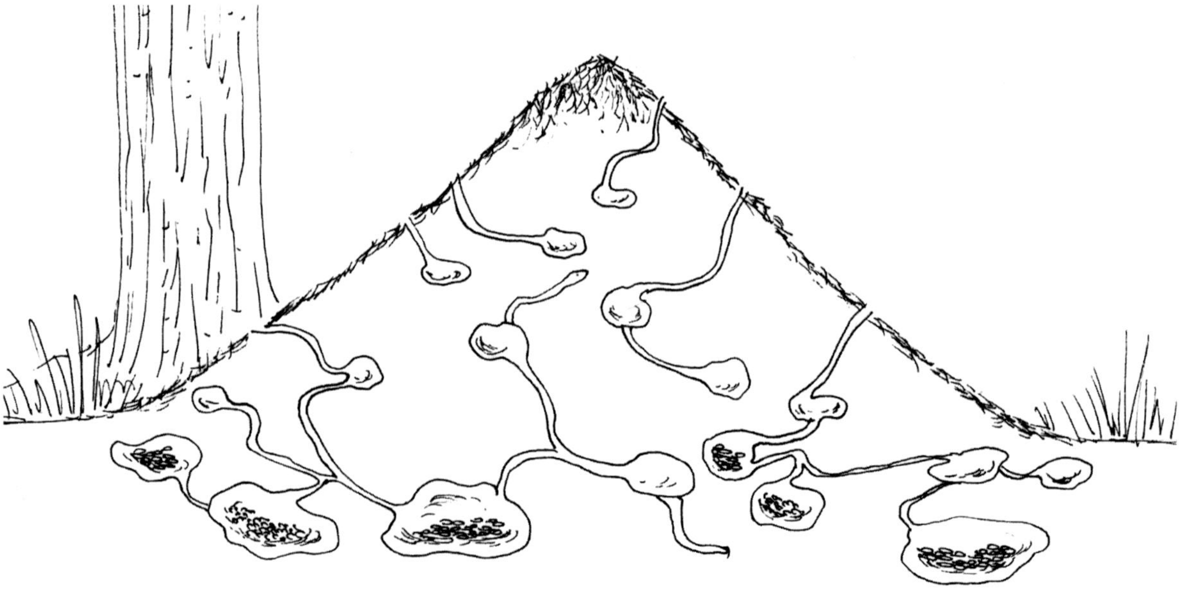

Aufgaben:

1. Lies den Text über die Rote Waldameise.
2. Unterstreiche Informationen über die verschiedenen Ameisen: Königin = rot, Drohne = gelb, Arbeiterin = blau.
3. Im Nest sind viele fleißige Arbeiterinnen beschäftigt. Male sie ins Bild.

Name: ______________________________ Datum: ______________

Raubtiere im Wald (1)

In unseren Wäldern leben auch Raubtiere. Einige Arten wurden in den letzten Jahrhunderten in Deutschland aber so stark bejagt, dass sie heute nur noch selten oder gar nicht mehr vorkommen. Viele Tiere verlieren auch durch die Zerstörung der Wälder ihren Lebensraum und finden hier keine Heimat mehr. Inzwischen versuchen aber immer mehr Menschen, die Raubtiere zu schützen und vor allem gefährdete Tierarten vor dem Aussterben zu bewahren.

Wölfe wurden lange sehr stark bejagt. Erst seit etwa 20 Jahren gibt es wieder mehr Wölfe in Deutschland. Sie leben in Gruppen zusammen, sogenannten Rudeln. Der Wolf hat einen sehr guten Geruchssinn. Er kann seine Beute zum Beispiel schon aus über zwei Kilometern Entfernung riechen!

Luchse sind Einzelgänger und sehr scheu. Besonders auffällig sind die langen Haarpinsel an den Ohren der Raubkatze. In Deutschland leben nur noch wenige Luchse, sie sind stark vom Aussterben bedroht. Tierschützer versuchen sie deshalb wieder bei uns anzusiedeln.

Dachse gibt es in fast allen waldreichen Gegenden Europas und in Asien. Sie sind nachtaktiv und leben zusammen in Gruppen in unterirdischen Bauen. Der Dachs hat eine auffällige schwarz-weiße Fellfärbung.

BVK • Anette Borgmann / Eva-Maria Schmidt: Themenheft „Wald"

Name: ______________________ Datum: ____________

Raubtiere im Wald (2)

Den **Rotfuchs** kann man nicht nur in unseren Wäldern, sondern auch immer häufiger in der Nähe von Dörfern und Städten beobachten. Denn in der Umgebung der Menschen findet er reichlich Nahrung, wie zum Beispiel Essensreste und Abfälle. Füchse sind Einzelgänger und nachtaktiv.

Die **europäische Wildkatze** sieht fast so aus wie unsere getigerte Hauskatze. Sie hat aber einen buschigeren Schwanz und ist sehr scheu.
In Deutschland war sie fast ausgerottet.
Es gibt Tierschutzprojekte, damit sich die Wildkatze in unseren Wäldern wieder verbreiten kann.

In Deutschland gibt es seit etwa 200 Jahren keine freilebenden **Braunbären** mehr. Sie wurden bejagt, weil sich die Menschen bedroht fühlten. In einigen anderen europäischen Ländern, in Nordamerika und in Asien sind Braunbären noch heimisch.

Aufgaben:

1. Lies den Test. Hier erfährst du viel Interessantes über Raubtiere in unseren Wäldern.
2. Arbeite mit einem Partner. Sucht euch ein Raubtier aus dem Text aus und erstellt dazu ein Lernplakat. Informiert euch auch in Sachbüchern oder im Internet (z. B. unter: *www.deutschewildtierstiftung.de/wildtiere).*

Name: ______________________ Datum: ____________

Wildkräuter können heilen

In Wildkräutern stecken viele Vitamine. Sie wachsen im Wald, auf Wiesen oder auch im eigenen Garten. Die Kräuter schmecken gut in Salaten, Suppen und Säften. Aber Wildkräuter sind auch nützliche Heilpflanzen, aus denen Tees, Medizin und Salben hergestellt werden können.

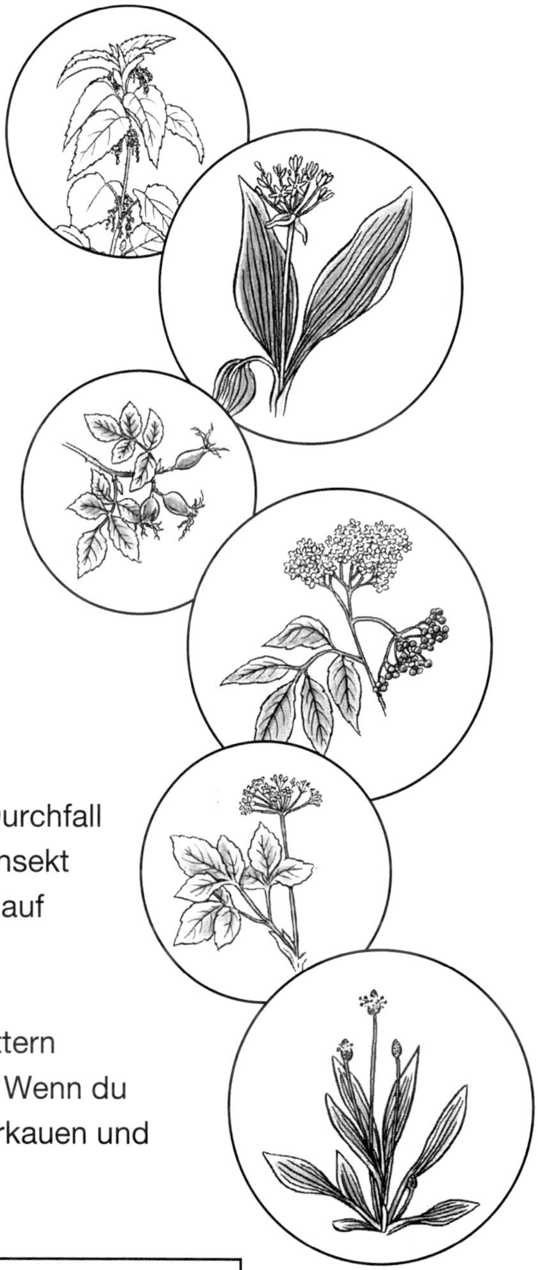

Aus Brennnesselblättern kannst du einen Tee kochen. Dieser hilft zum Beispiel gegen Durchfall, Bauchschmerzen und Müdigkeit.

Bärlauchzwiebeln sind gut für den Magen und die Verdauung. Wenn du dich mit der Zwiebel einreibst, kann sie Muskelkater lösen.

Die roten Hagebuttenbeeren enthalten viel Vitamin C. Wenn du regelmäßig Hagebuttentee trinkst, wirst du nicht so schnell krank.

Aus den Blüten des Holunders kannst du Saft oder Tee herstellen. Dieser hilft bei Erkältungen, Halsschmerzen und Fieber.

Einen Tee aus den Blättern vom Giersch kannst du bei Durchfall oder Blasenentzündungen trinken. Wenn du von einem Insekt gestochen wirst, kannst du das Kraut zerquetschen und auf den Stich legen. Dann schwillt er nicht an.

In vielen Hustensäften ist Spitzwegerich. Aus seinen Blättern kannst du einen Tee herstellen, der bei Erkältungen hilft. Wenn du dich verletzt, kannst du ein paar Spitzwegerichblätter zerkauen und auf die Wunde legen.

Aufgaben:

1. Lies die Infotexte und schaue dir die Bilder an.
2. Lege eine Tabelle an. Trage den Namen und die heilende Wirkung der einzelnen Wildkräuter ein.

Name	Wirkung

Name: ________________________________ Datum: ____________

Der Wald als Erholungsraum

Um den Wald auch in Zukunft nutzen zu können, müssen wir ihn schützen.
Du kannst ein Waldschützer werden, indem du einige Regeln beachtest.

Der Wald als Erholungsraum	Regeln und Verbote, um den Wald zu schützen
Im Wald ist es ruhig. Du kannst den Wind, der durch die Blätter weht, das Vogelgezwitscher oder das Summen kleiner Insekten hören. Diese Ruhe und die natürlichen Geräusche tun dir gut und du kannst dich dabei erholen.	
Bei einem Waldspaziergang hält dich die Bewegung fit. Du atmest sauerstoffreiche Luft ein. In jedem Wald gibt es Wege, auf denen du einen Spaziergang machen darfst.	
Bäume, Sträucher und Pflanzen im Wald sind wichtig, weil sie die Luft reinigen und Sauerstoff abgeben. Sie sind auch die Lebensgrundlage für die Waldtiere und geben ihnen Schutz und Nahrung.	
Auf ausgewiesenen Plätzen darfst du auch ein Picknick machen, etwas essen und trinken und dich ausruhen.	
Wenn du einen Hund hast, kannst du mit ihm schöne Waldspaziergänge machen. Doch er soll bei dir bleiben und keine Tiere jagen.	

Aufgaben:

1. Lies die Texte zum Wald als Erholungsraum.
2. Stelle nun dazu passende Regeln und Verbote auf, um den Wald zu schützen. Schreibe sie daneben in die Tabelle. Diese Wörter können dir dabei helfen: **keinen Müll hinterlassen – Lärm vermeiden und leise sein – auf dem Weg bleiben – keine Pflanzen zerstören – kein Feuer machen – Hunde an die Leine nehmen**

Name: ______________________ Datum: ____________

Waldsterben und seine Folgen

Immer mehr Wälder sterben. Du kannst dies an vielen kahlen und kaputten Bäumen im Wald beobachten. Dieses Waldsterben wird auch durch den *sauren Regen* verursacht. Schornsteine der Industrie, Auspuffe der Autos und Kamine geben schädliche Stoffe in die Luft ab. Die Luft besteht zum Teil aus Wasser. Verbinden sich diese schädlichen Stoffe mit dem Wasser in der Luft, entsteht eine Säure. Wenn es nun regnet, fällt der *saure Regen* auf die Bäume und andere Pflanzen des Waldes. Über ihre Blätter oder Nadeln und über ihre Wurzeln nehmen die Bäume die schädlichen Stoffe auf und werden krank. Auch starke Hitze und zu wenig Regen sind ein großes Problem für die Bäume. An braunen Nadeln und Blättern oder an vertrockneten Zweigen kannst du kranke oder tote Bäume und Pflanzen erkennen.

1. Giftige Abgase vom Verkehr und von der Industrie gelangen in die Luft.
2. In der Luft verbinden sich die Schmutzteilchen mit Wasser und fallen als *saurer Regen* auf die Pflanzen des Waldes.
3. Bäume werden krank und sterben ab.
4. Wenn der Wald abstirbt, verlieren viele Tiere ihren Lebensraum.
5. Starke Hitze und wenig Regen lassen den Wald vertrocknen.

Aufgaben:

1. Lies den Informationstext.
2. Schaue dir das Bild an und lies danach die Sätze 1 – 5. Jeder Satz passt zu einem Teil der Zeichnung.
3. Trage die richtigen Nummern in die Kreise auf dem Bild ein.

Waldschatzkästchen

Du brauchst:
Schere, pro Kästchen 1 Bogen buntes Papier (ca. 21 x 21 cm), 1 Stück Fotokarton als Unterlage (die Größe richtet sich nach der Anzahl der gebastelten Einzelkästchen), Kleber, Moos oder Erde und kleine Fundstücke aus dem Wald (z. B. bei einem Waldspaziergang sammeln)

So geht es:
Falte so viele Kästchen, wie du befüllen möchtest.

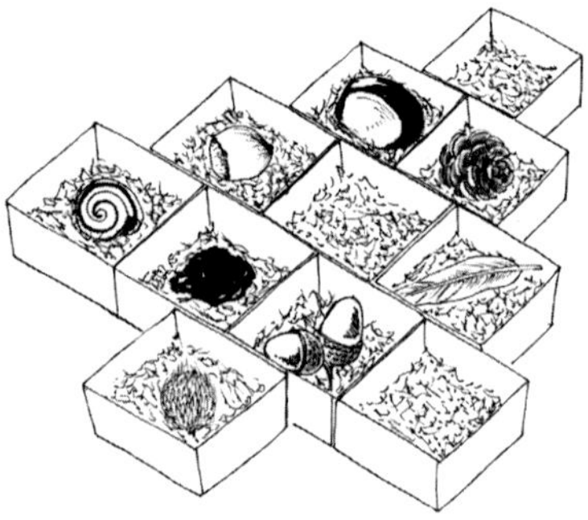

Klebe sie danach auf den Fotokarton. Polstere jedes Kästchen mit Moos oder Erde aus und fülle es zum Beispiel mit einer Baumfrucht, einer Fruchtschale, einem getrockneten Blatt, oder einem Rindenstück.

Faltanleitung für ein Kästchen:
Streiche alle Knicke mit dem Fingernagel fest nach!

1. Knicke das quadratische Papier zweimal diagonal und zweimal mittig. Öffne es danach wieder.

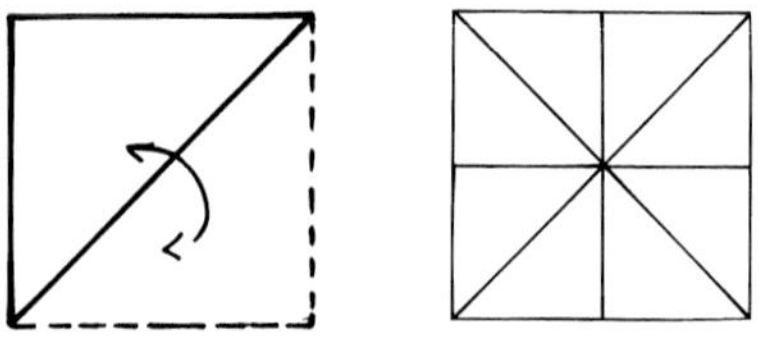

2. Falte alle vier Ecken zur Mitte. Streiche sie gut fest und öffne sie nicht.

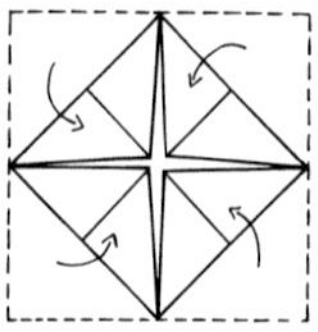

3. Lege alle vier Außenkanten nacheinander an den Mittelbruch, knicke sie fest und öffne sie wieder.

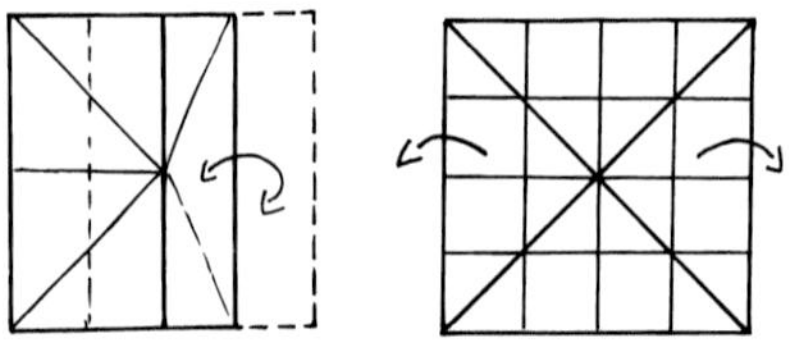

4. Ziehe zwei gegenüberliegende Ecken nach außen. Stelle die zwei verbleibenden Längskanten als Seitenwände auf.

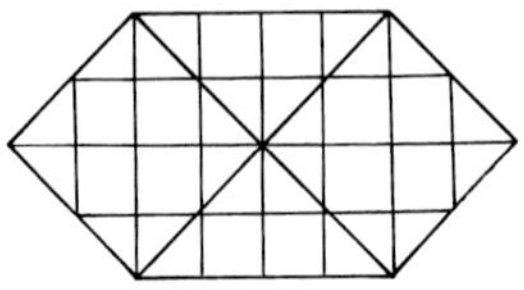

5. Ziehe die noch außen liegenden Seiten nun an den Spitzen hoch und lege die überstehenden Enden nach innen.

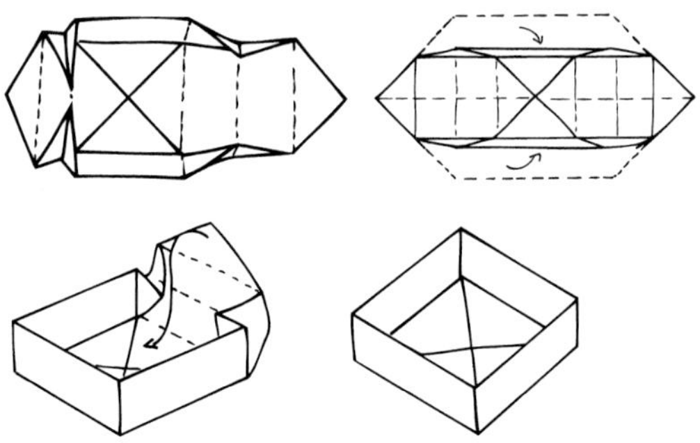

BVK • Anette Borgmann / Eva-Maria Schmidt: Themenheft „Wald“

Fühlgeschichte aus dem Leben einer Eiche

Erzählung	Bewegungsanleitung
Vor langer, langer Zeit wuchs irgendwo mitten im Wald eine große, mächtige Eiche …	*ganze Handfläche beschreibt große, feste Kreise*
... an der im Herbst viele Eicheln reiften und herabfielen.	*herabtropfende Bewegungen mit allen Fingerkuppen*
Unter ihnen war auch eine besonders dicke Eichel …	*mit einem Finger behutsam auf eine Stelle drücken*
… über der sich bald schon viel Herbstlaub sammelte.	*tropfende Bewegungen mit den Fingerkuppen, dann streichende Bewegungen mit den Handflächen*
Im Winter scharrte ein Eichhörnchen im Laub nach Futter. Es fand viele Eicheln, aber unsere nicht.	*mit den Fingerkuppen scharren*
Dann kam ein Hirsch …	*mit Fingerkuppen Schritte andeuten*
… aber auch er fand die Eichel nicht.	*weiterscharren*
Auch die Wildschweine haben sie nicht gefunden.	*schnelles, kräftiges Getrappel andeuten*
Dann suchte ein Eichelhäher im Laub nach Nahrung.	*das „Picken" des Vogels mit zwei Fingern beschreiben.*
Er fand die Eichel, nahm sie mit seinem Schnabel auf und flog damit weg. Er flog durch den Wald, bis an den Waldrand und schließlich hinaus über das Feld.	*segelnde Bewegungen mit den Handflächen über den ganzen Rücken*
Über der Wiese fiel ihm die Eichel plötzlich aus dem Schnabel und landete im Gras.	*mit zwei Fingern den Rücken schnell herunterstreichen*
Als es Frühling wurde, trafen die ersten warmen Sonnenstrahlen den Boden. Auch unsere Eichel genoss die warme Sonne …	*Handflächen drücken leicht auf den ganzen Rücken*
… der warme Frühlingsregen gab ihr Wasser …	*tröpfelnde Bewegungen mit den Fingerkuppen*
… und ließ sie schließlich keimen.	*mit den Fingernägeln der Zeigefinger das kleine Pflänzchen beschreiben*
Ein kleines Bäumchen wuchs heran. Die Sonne und der Regen ließen es allmählich größer und kräftiger werden.	*mit den Fingerkuppen von unten den Rücken hinaufstreichen*
Die Raupen konnten dem Baum nicht schaden …	*krabbelnde Bewegungen mit den Fingerkuppen*
… und auch das tosende Feuer des Waldbrandes hat unsere Eiche verschont.	*mit den Handflächen fest kreuz und quer streichen*
Bei dem schweren Gewitter ist der Blitz auch nicht in unsere Eiche eingeschlagen.	*kräftige Bewegungen mit Fingerkuppen und Handflächen*
Die Eiche wurde so mächtig und schön, dass niemand sie fällen wollte und so stand sie viele Jahre dort mitten auf der Wiese.	*große, kreisende Bewegungen mit den Handflächen*
Viele Vögel bauten ihre Nester in unserer Eiche …	*kleine, kreisende Bewegungen mit zwei Fingern*
… und die Eichhörnchen sprangen in ihren Zweigen umher.	*laufende, springende Bewegungen mit Zeige- und Mittelfinger*
Jedes Jahr im Herbst kamen die Kinder und sammelten ihre vielen Eicheln auf, um damit zu basteln.	*tröpfelnde Bewegungen mit den Fingerkuppen*
Hast du sie auch schon entdeckt – unsere große, schöne Eiche?	*Andrücken der ganzen Handflächen zum Ende der Geschichte*

Name: ____________________ Datum: __________

Was hast du behalten?

1. Lies die Sätze und ☒ kreuze an. ☺ = stimmt, ☹ = stimmt nicht

Im Laubwald wachsen hauptsächlich Laubbäume.		
Es wachsen hauptsächlich Fichten in Laubwäldern.		
Tannen und Kiefern gehören zu den Nadelbäumen.		
In Mischwäldern finden wir Laub- und Nadelbäume.		

2. Beschrifte die Bestandteile des Baumes.

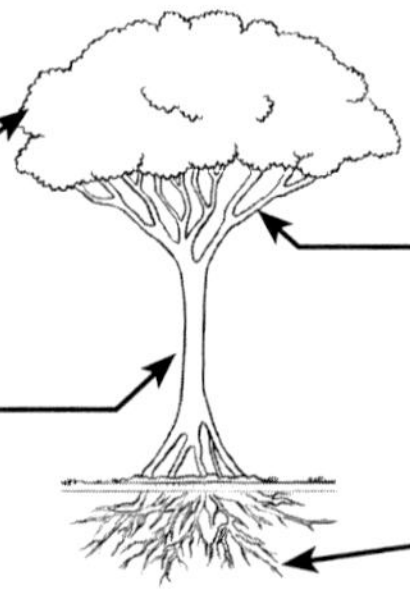

3. Nenne mindestens zwei Beerenarten aus unseren Wäldern.

____

4. Kennst du die Tiere in unseren Wäldern? Verbinde!

Eichhörnchen

Wildschwein

Fuchs

Reh

Uhu

Specht

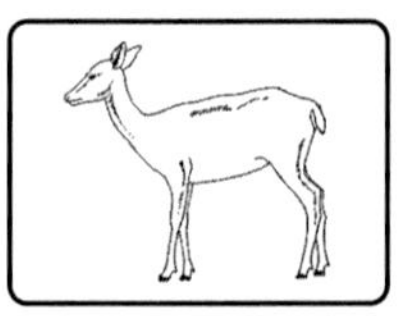

5. Wälder erfüllen viele wichtige Funktionen. Schreibe mindestens zwei auf.

____

____

Der Ahorn

Ein Ahorn kann bis zu 40 Meter hoch und 400 Jahre alt werden. Es gibt viele verschiedene Ahornarten. Die Früchte des Ahorns sind Flugsamen.
Wenn sie herunterfallen, drehen sie sich wie kleine Propeller. Weil sich Kinder die Ahornfrüchte gern auf ihre Nasen setzen, werden die Früchte auch *Nasenzwicker* oder *Ahornnasen* genannt.

Das helle Holz dieses Laubbaumes wird zur Möbelherstellung genutzt.
Der Ahorn hat gezackte Blätter.

Die Buche

Es gibt mehrere Buchenarten, die bekannteste ist die Rotbuche.
Wusstest du schon, dass die Wurzeln der Buche so weit reichen, wie die Äste des Baumes?

Die Früchte der Buche werden von den Waldtieren gefressen, wir nennen sie *Bucheckern.*
Aus dem harten Buchenholz werden besonders in letzter Zeit wieder viele Möbel und Parkett hergestellt.
Die Buche beginnt erst nach 60 Jahren zu blühen. Ihre Blätter sind eiförmig und glatt.

Die Eiche

Bis zu 30 Meter hoch wird die Eiche. Der mächtige Laubbaum kann viele hundert Jahre alt werden.

Seine Früchte, die Eicheln, werden von vielen Waldtieren gern gefressen.

Aus dem harten Eichenholz werden Möbel, Fußbodendielen, Eisenbahnschwellen und Fässer hergestellt.

Die Blätter der Eiche sind gebuchtet.

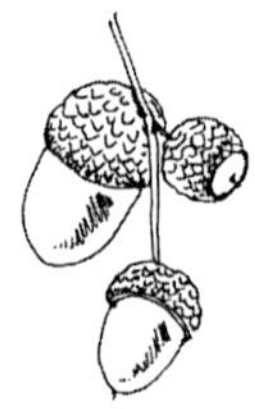

Die Fichte

Der häufigste Nadelbaum bei uns ist die Fichte. Sie kann bis zu 60 Meter hoch werden. Junge Fichten werden auch als Weihnachtsbäume geschlagen. Fichtenholz wird als Bauholz und zur Möbelherstellung verwendet. Die Fichte liefert auch den Grundstoff zur Papierherstellung. Die Öle ihrer Nadeln werden zur Heilung von Atemwegserkrankungen und als Duftstoffe, zum Beispiel in Badeschaum, verwendet. Die Zapfen der Fichte hängen vom Zweig herab und fallen ab, wenn sie reif sind.

Die Kastanie

Bei uns ist die Kastanie vor allem durch zwei unterschiedliche Arten bekannt, nämlich durch die Edelkastanie und durch die Rosskastanie. Achte im Frühling einmal auf die großen Blüten der Kastanie. Du wirst sofort erkennen, warum sie *Kerzen* genannt werden.

Die Frucht der Rosskastanie kann nur von Tieren gefressen werden. Die Frucht der Edelkastanie nennen wir *Marone* oder *Maroni.* Sie schmeckt geröstet sehr gut.

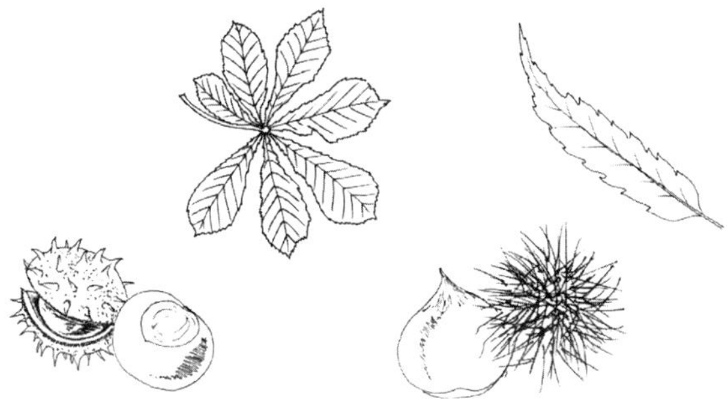

Die Blätter der Rosskastanie sind gesägt. Es sitzen immer fünf bis sieben Blätter an einem Stiel.

Die Kiefer

Es gibt verschiedene Kiefernarten, die sich in ihrem Wuchs auch stark unterscheiden. Einige Arten können bis zu 50 Meter hoch werden.
Alle Kiefernarten haben Nadeln von bis zu 15 cm Länge, die gebündelt an einem Trieb wachsen. Die reifen Zapfen fallen nicht immer ab, manche bleiben am Zweig hängen.

Die Lärche

Die Lärche ist der einzige Nadelbaum, dessen Nadeln im Herbst ganz gelb werden und dann abfallen. Die Lärche ist im Winter kahl wie die Laubbäume.

An den Jungtrieben wachsen die Nadeln einzeln. An älteren Trieben sitzen bis zu 40 Nadeln in einem Büschel zusammen. Die Nadeln der Lärche sind besonders weich. Die Zapfen bleiben oft nach der Reife am Zweig hängen.

BVK • Anette Borgmann / Eva-Maria Schmidt: Themenheft „Wald“

Die Tanne

Tannen können sehr hoch und sehr alt werden (bis zu 450 Jahre!). Du kennst diesen Nadelbaum besonders gut, weil er oft als Weihnachtsbaum in unseren Zimmern steht.
Wenn du genau hinschaust, erkennst du, dass die Tannennadeln einzeln am Zweig sitzen.
Bei der Reifung fallen die Schuppen der Zapfen einzeln ab. Du findest daher nie einen natürlich abgefallenen Tannenzapfen.

Das Reh

Das Reh ist ein bekanntes Waldtier.
Rehe leben meist einzeln oder in kleinen Gruppen.
Das männliche Tier heißt *Rehbock* und trägt ein Gehörn.
Das weibliche Tier nennt man *Ricke.*
In den Monaten Mai und Juni werden die Jungtiere geboren. Das Jungtier wird *Rehkitz* genannt.

Der Rothirsch

Die Rothirsche sind die größten einheimischen Waldbewohner.
Sie leben in Rudeln zusammen und ernähren sich von Gräsern, Laub und saftigen Zweigen.
Die männlichen Tiere tragen ein Geweih.
Weibliche Tiere nennt man *Hirschkühe* und ihre Jungen sind die *Hirschkälbchen.*

Das Wildschwein

Wildschweine leben in Rotten in unseren Laub- und Mischwäldern. Sie sind Allesfresser und ernähren sich zum Beispiel von Eicheln und Bucheckern, von Beeren, Grünpflanzen, Würmern, Mäusen und Wurzeln.
Der Förster nennt diese Tiere Schwarzwild.
Das männliche Wildschwein heißt *Keiler,* das weibliche Tier *Bache.*
Im Frühling kommen die Jungen zur Welt, die *Frischlinge.*
Die Bache wirft vier bis acht Junge.
Sie sind längs gestreift.

Der Fuchs

Der Rotfuchs ist in unseren Wäldern heimisch. Er hat seinen Namen von der rötlichen Farbe seines Fells.
Er ist ein kleines Raubtier und jagt am liebsten in der Morgen- oder Abenddämmerung.
Seine Beutetiere sind Kaninchen, Mäuse und Ratten, aber auch Insekten. Der Fuchs hat ein sehr gutes Gehör und einen hoch entwickelten Geruchssinn.
Er lebt in einer selbst gegrabenen Höhle.
Den weiblichen Fuchs nennt man auch *Fähe.*

Der Dachs

Der Dachs ist leicht durch seine schwarz-weißen Streifen am Kopf zu erkennen. Er ist in der Nacht aktiv und sucht dann Regenwürmer, Schnecken und Frösche. Aber auch Kaninchen, Mäuse, Vögel und pflanzliche Kost gehören auf seinen Speiseplan. Der Dachs gräbt einen Bau, in dem das Weibchen zum Ende seiner Winterruhe – also im Februar oder März – zwei bis drei noch blinde Junge bekommt.

Das Eichhörnchen

Das Eichhörnchen lebt in den Baumkronen der Laub- und Nadelwälder. Es bewohnt aber auch unsere Parks und Gärten. Es wird 20 bis 30 cm groß und hat einen auffällig buschigen Schwanz und lustig wirkende Haarbüschel an den Ohren, die wie Pinsel aussehen. Sein Fell ist meistens fuchsrot, kann aber auch braun oder schwarz sein. Das Eichhörnchen baut sich mehrere Nester (Kobel), in denen die Jungen geboren werden. Dort verbringt es auch seine Winterruhe.

Der Mäusebussard

Dieser Greifvogel ist mit seinem starken Schnabel und seinen kräftigen Füßen und Krallen an das Fangen lebender Beutetiere angepasst.
Er ernährt sich hauptsächlich von Kleintieren wie zum Beispiel Insekten, Würmern und Mäusen. Daher hat er seinen Namen.
Der Mäusebussard brütet geschützt in den Bäumen von Wäldern, die an Ackerland grenzen. Dort findet er reichlich Nahrung.

Der Uhu

Der Uhu ist die größte Eulenart, die in Europa heimisch ist.
Der Uhu jagt nachts nach Mäusen, Fröschen, kleinen Vögeln und jungen Hasen. Tagsüber hält er sich versteckt.
Er nistet in Felsenhöhlen oder verlassenen Nestern anderer Greifvögel.
Der Uhu ist in unseren Wäldern selten geworden und steht unter Naturschutz.

BVK • Anette Borgmann / Eva-Maria Schmidt: Themenheft „Wald"

Lösungen (1)

zu S. 8/9: „Die Stockwerke des Waldes“

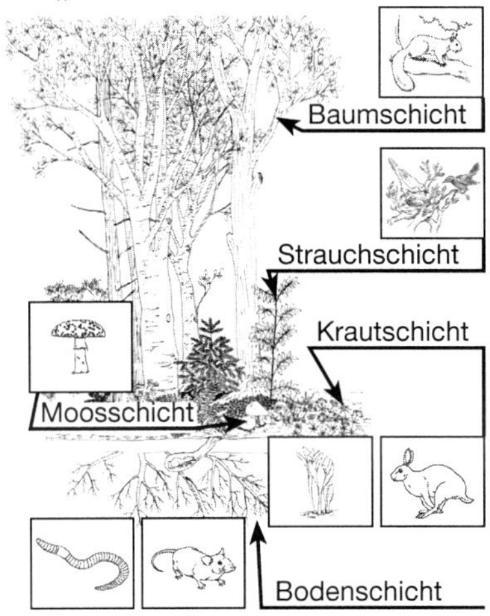

zu S. 10: „Unsere Wälder“

[3] Nadelwald • [1] Laubwald • [2] Mischwald

zu S. 11: „Urwälder“

Lösungswort: FICHTE

zu S. 13: „Die tropischen Regenwälder“

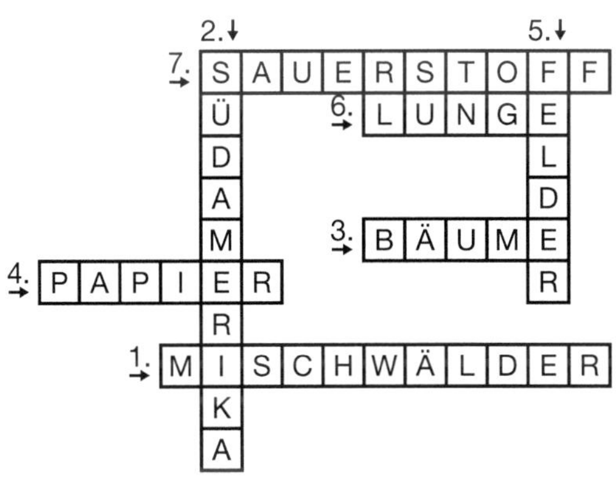

Lösungswort: REGENWALD

zu S. 15: „Nadelbäume“

Lärche – Kiefer – Fichte – Tanne

zu S. 16/17: „Laubbäume erkennen“

	Baum	Blatt	Frucht
Eiche		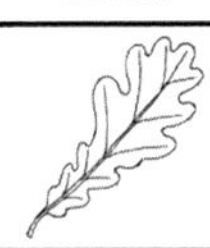	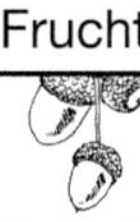 **Eicheln**
Ahorn		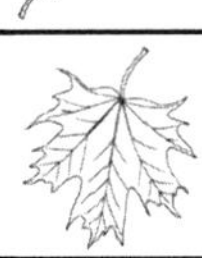	 **Ahornnase**
Buche			 **Bucheckern**
Kastanie		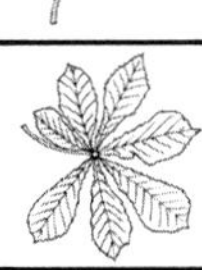	 **Kastanien**

zu S. 20: „Waldbeeren-Rätsel“

BROMBEERE • WALDERDBEERE • HEIDELBEERE • HIMBEERE • HOLUNDER

Lösungswort: WALDBEERE

zu S. 24: „Fotosynthese“

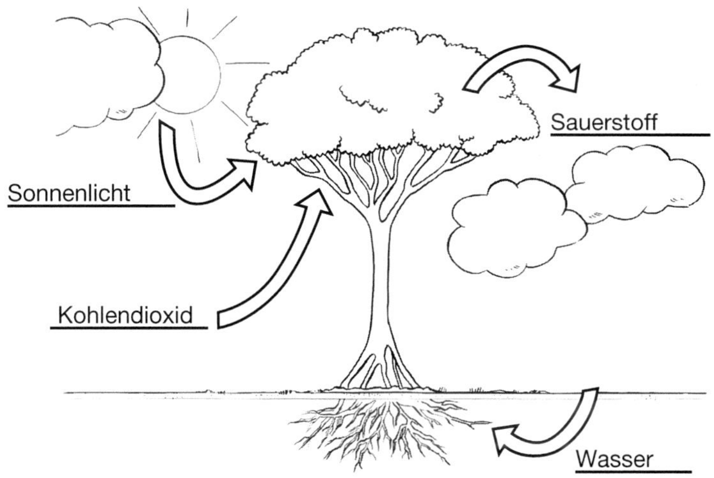

Diesen Vorgang nennt man **Fotosynthese.**

zu S. 25: „Waldtiere“

	Sein Fell ist rötlich. Er ernährt sich hauptsächlich von kleinen Säugetieren und Insekten.
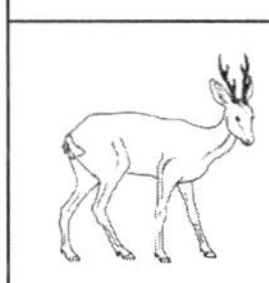	Sein Fell ist rot-braun. Der Bock wirft sein Gehörn jedes Jahr im Winter ab.
	Diese Tiere nennt der Förster *Schwarzwild.* Sie leben in Gruppen zusammen und sind Allesfresser.
	Er gräbt sich einen Bau, der ihm im Sommer als Versteck dient. Im Winter hält er hier seine Winterruhe. Sein Fell ist schwarz-weiß.
	Die Nester dieser Tiere heißen *Kobel.* Hier werden die Jungen geboren und hier verbringt das Tier auch seine Winterruhe.

zu S. 27/28: „Hirsche und Rehe“

1. Hirsch / **2.** Hirschkuh / **3.** Hirschkälbchen / **4.** Mai / **5.** Herbst / **6.** Rehbock / **7.** Ricke / **8.** Rehkitz / **9.** Spätherbst / **10.** Januar

Lösungen (2)

zu S. 29: „Waldvögel“

Dieser Vogel sammelt im Herbst viele Eicheln als Wintervorrat. Daher hat er seinen Namen.

Wenn du ein Trommeln im Wald hörst, ist dieser Vogel bestimmt in der Nähe.
Er sucht die morschen Äste und hohlen Stämme nach Insekten ab.

Dieser Vogel ruft ab Mai ständig seinen Namen durch den Wald, um ein Weibchen anzulocken.
Das Weibchen legt seine Eier in die Nester anderer Singvögel.

Diese Drosselart ist durch ihren hübschen Gesang sehr bekannt. Sie bewohnt vor allem dichte Laubwälder.

Dieser Nachtvogel ist die größte Eule Europas. Er jagt nachts nach Mäusen, Fröschen und anderen Kleintieren.

zu S. 30 / 31: „Eulen und Greifvögel“

								S				U	H	U
			K					P						
S			U					E				F		
T			C					C				I		
E			K					H				N		
I			U					T				K		
N			C											M
K			K			H	A	B	I	C	H	T		E
A														I
U		M	Ä	U	S	E	B	U	S	S	A	R	D	S
Z														E
		W	A	L	D	O	H	R	E	U	L	E		
			S	T	E	I	N	A	D	L	E	R		

zu S. 32: „Greifvögel in Gefahr“

zu S. 34: „Eine Baumgeschichte“
Zahlenreihenfolge: 5 – 4 – 2 – 3 – 1

zu S. 37: „Jägerlatein“

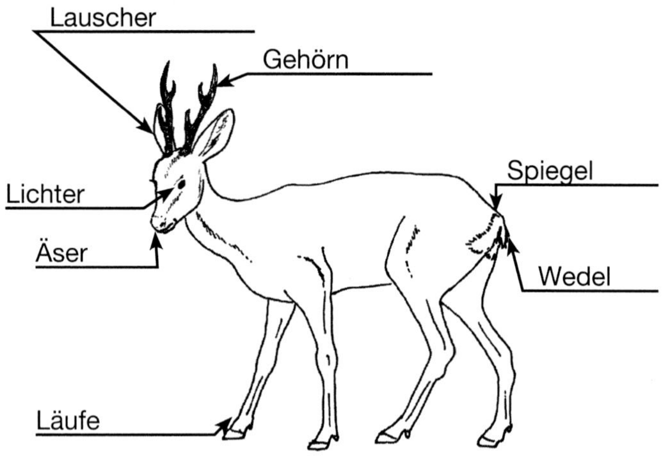

zu S. 46: „Was hast du behalten?“

1. **stimmt:** Im Laubwald wachsen hauptsächlich Laubbäume. • Tannen und Kiefern gehören zu den Nadelbäumen. • In Mischwäldern finden wir Laub- und Nadelbäume.
   stimmt nicht: Es wachsen hauptsächlich Fichten in Laubwäldern.

2.

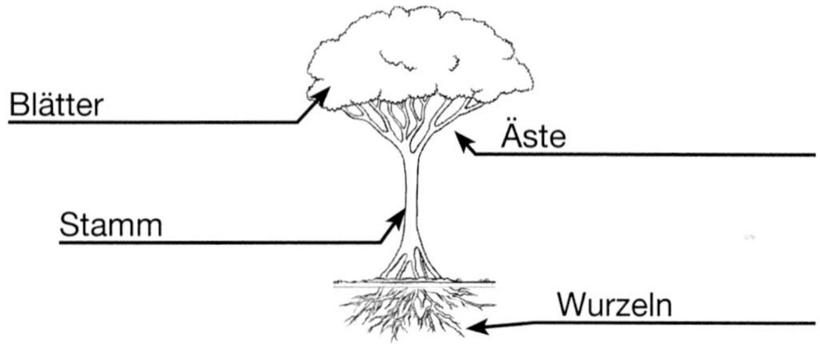

3. Himbeeren, Brombeeren, Heidelbeeren, Holunder

4.

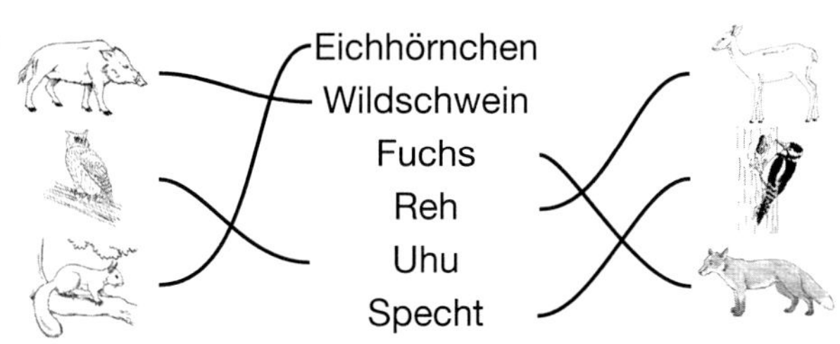

5. Die Bäume filtern die Luft und stellen Sauerstoff her. Die Wurzeln halten den Erdboden fest.